rowohlts monographien
begründet von Kurt Kusenberg
herausgegeben von Wolfgang Müller
und Uwe Naumann

Gottfried Benn

Dargestellt von Wolfgang Emmerich

Rowohlt Taschenbuch Verlag

Umschlagvorderseite: Gottfried Benn, 1947.
Foto von Erhard Hürsch
Umschlagrückseite: Gottfried Benn, 1953/54.
Foto von Susanna Schapowalow
Das Gedicht «Ein Wort, ein Satz –» entstand
am 21. Dezember 1941

Seite 3: Gottfried Benn, 1924

Originalausgabe
Veröffentlicht im Rowohlt Taschenbuch Verlag,
Reinbek bei Hamburg, Juni 2006
Copyright © 2006 by Rowohlt Verlag GmbH,
Reinbek bei Hamburg
Dieser Band ersetzt die 1962 erschienene Ausgabe
von Walter Lennig
Umschlaggestaltung any.way, Wiebke Jakobs,
nach einem Entwurf von Ivar Bläsi
Redaktionsassistenz Katrin Finkemeier
Reihentypographie Daniel Sauthoff
Layout Gabriele Boekholt
Satz PE Proforma *und* Foundry Sans *PostScript,*
QuarkXPress 4.1
Gesamtherstellung Clausen & Bosse, Leck
Printed in Germany
ISBN 13: 978 3 499 50681 9
ISBN 10: 3 499 50681 5

INHALT

Gottfried Benn im Labor, um 1916

Einleitung

«VERHÜLLE DICH MIT MASKEN UND MIT SCHMINKEN ...» DAS «DOPPELLEBEN» DES DR. MED. BENN

Geboren 1886 und aufgewachsen in Dörfern der Provinz Brandenburg. Belangloser Entwicklungsgang, belangloses Dasein als Arzt in Berlin. (SW III, 448) Diese lakonischen Sätze gab Gottfried Benn, 34 Jahre alt, zu Protokoll, als er gebeten wurde, für die später berühmteste aller expressionistischen Lyrikanthologien «Menschheitsdämmerung. Symphonie jüngster Dichtung» (1920) neben Gedichten einen kurzen Lebenslauf beizusteuern. Und in seiner Autobiographie *Doppelleben* (abgeschlossen Anfang 1950) finden sich zum Ende hin die Sätze: *Herkunft, Lebensablauf – Unsinn! Aus Jüterbog oder Königsberg stammen die meisten, und in irgendeinem Schwarzwald endet man seit je.* (IV, 164) Deutlicher kann man die Bedeutung der familiären, sozialen und regionalen Ursprünge, ja der eigenen Lebensumstände und des Biographischen schlechthin, nicht herunterspielen. Dass darin eine bewusste Autorstrategie am Werk ist, lehrt das späte Gedicht *Verhülle dich –* (1950/51):

> *Verhülle dich mit Masken und mit Schminken,*
> *auch blinzle wie gestörten Augenlichts,*
> *laß nie erblicken, wie dein Sein, dein Sinken*
> *sich abhebt von dem Rund des Angesichts.*
>
> *Im letzten Licht, vorbei an trüben Gärten,*
> *der Himmel ein Geröll aus Brand und Nacht –*
> *verhülle dich, die Tränen und die Härten,*
> *das Fleisch darf man nicht sehn, das dies vollbracht.*
>
> *Die Spaltungen, den Riß, die Übergänge,*
> *den Kern, wo die Zerstörung dir geschieht,*
> *verhülle, tu, als ob die Ferngesänge*
> *aus einer Gondel gehn, die jeder sieht.*   (III, 248)

Markiert Benns wegwerfend lakonischer Satz von 1920, in dem er den bürgerlichen Lebensgang als vernachlässigenswert abtut, die Künstlerexistenz als vorrangig (wenngleich unausgesprochen), so treibt das Gedicht des Fünfundsechzigjährigen die angedeutete Haltung ins Extrem: Der hier aus dem *Kern* der *Spaltungen*, des *Risses*, der *Zerstörung* heraus seine *Ferngesänge* spricht, also aus tief reichenden existenziellen Prägungen, ist ein anderer als der, den *jeder sieht*, den seine Mitmenschen, öffentlich oder privat, alltäglich wahrnehmen – höflich (immer), bescheiden (zumeist), umgänglich (nicht immer). Sich-Verbergen, Sich-Verhüllen, ja Verstellung als selbst gewählte Haltung.

Spätestens seit Mitte der 1930er Jahre hat Benn diesen schon früh angenommenen Habitus, die Lebensstrategie des *Doppellebens*, weiter kultiviert und ausgeformt. Seine Autobiographie unter ebendiesem Titel *Doppelleben* beschreibt und rechtfertigt sie, im Rückgriff auf andere eigene Texte, ausführlich. *Die Einheit der Persönlichkeit ist eine fragwürdige Sache*, heißt es da, und zuvor schon: *wir denken etwas anderes als wir sind* (IV, 135 f.). Benn konstatiert damit einerseits etwas sehr Banales (und unterstützt eine solche Lesart durch ebensolche Beispiele – etwa, dass man dem Schöpfer der Relativitätstheorie oder dem Sanskritforscher im Alltag nicht anmerke, was ihr Metier sei), zum anderen nimmt er die spätestens seit Nietzsche geläufige radikale Autonomie des Künstlers, jenseits aller bürgerlichen Bindungen, emphatisch für sich in Anspruch und treibt sie auf die Spitze. H i e r : *Das Leben – dies Speibecken, in das alles spuckte, die Kühe und die Würmer und die Huren –, das Leben, das sie alle fraßen mit Haut und Haar* (IV, 139); hier auch: die bürgerliche Pflichterfüllung als Arzt, *immer up to date*, ob nun als Pathologe, Dermatologe und Venerologe oder Versorgungsmediziner bei der Wehrmacht (IV, 138), jedenfalls immer zuverlässig und klaglos, alles in allem mehr als vierzig Berufsjahre lang. D o r t , gänzlich abgetrennt vom normalen «Leben»: der Ausnahmezustand der künstlerischen Produktion, das «Artistenevangelium» (Nietzsche), die *Ausdruckswelt* (I, 391 und passim), *Gesteigertes, provoziertes Leben – Spannungen, Extraits* (IV, 141).

Benns so konsequent erscheinende Zweiweltentheorie – hier *das Geschäft und [dort] die Halluzinationen* (IV, 143) – hat freilich noch einen anderen Grund als nur das auf höchste Höhen getriebene Selbstbewusstsein des Künstlers, der seine Souveränität bis zum Äußersten verteidigt: Es ist sein eigener massiver Verstoß gegen diese Haltung im Epochenjahr der nazistischen Machtübernahme 1933/34. Vom 30. Januar 1933 bis in den Sommer 1934 hat der große Dichter sich den Mächtigen und ihren Medien in prominenter Weise zur Verfügung gestellt, Radioreden und Festansprachen gehalten und geholfen, die ‹Gleichschaltung› der Sektion Dichtkunst der Preußischen Akademie der Künste zu bewerkstelligen. Seine schon damals ausgearbeitete Lehre vom *Doppelleben* hat Benn damit eklatant verletzt, ja ad absurdum geführt. Schrittweise zur Besinnung gekommen, hat er dann umso entschiedener auf sie zurückgegriffen und jede Form ‹engagierter›, sich in politische Geschäfte einmischender, gar Partei ergreifender Kunst und Literatur abgelehnt und als verächtlich dargestellt. Sich endgültig zurückziehen und «verhüllen» hieß jetzt die Devise.

Soll sich, muss sich der Leser und Interpret von Benns Dichtungen diesem Gebot fügen? Widerspricht ein Sich-Einlassen auf Zeitumstände, *Herkunft*, *Lebensablauf* des Autors einem angemessenen Verständnis von Benns literarischen Texten? Keineswegs, das Gegenteil ist der Fall – und man hat auch dabei, zunächst überraschend, den Dichter auf seiner Seite. *Ich bin nicht geworfen*, heißt es in *Der Ptolemäer* (abschätzig gegenüber dem nach 1945 modischen Existenzialismus), *meine Geburt hat mich bestimmt* (II, 256). Gewiss, es sind vor allem die zwischen 1930 und 1933/34 entstandenen Essays, in denen Benn über die Ursachen von Genialität und Schöpfertum räsoniert, sich dabei fatal biologistischen Vorstellungen von *Erbmasse* (I, 223 ff.) und *Züchtung* (I, 214 ff.) annähert und sich am Ende sogar gezwungen sieht, gegenüber Vorwürfen, selbst jüdisch bzw. «verjudet» zu sein, eine regelrechte *genealogische Rechtfertigung* (IV, 156) zu konstruieren. Jenseits davon bleibt die Überzeugung des Dichters über die Jahrzehnte hinweg, zutiefst von der sozialen und landschaftlichen Konstellation seiner *Herkunft* geprägt zu sein wie auch von späteren Einflüssen seiner schulischen und schließlich akademischen Sozialisation an einer Militärakademie. Kurze Aufsätze wie *Die liebe Fremde* (über seine Mutter; SW IV, 91 f.) und vor allem *Das deutsche Pfarrhaus* (SW IV, 113 f.), aber auch wiederholte Hinweise auf seine Formung durch die Pépinière, die Kaiser-Wilhelm-Akademie für das militärärztliche Bildungswesen in Berlin zwischen 1905 und 1911, belegen das.

So zeigt sich, dass die bedeutendsten literarischen Texte des Dichters sich ohne Kenntnis des Biographischen nie befriedigend erschließen lassen – von den *Morgue*-Gedichten (1912) und den Rönne-Novellen *Gehirne* (1916) über Prosatexte der Jahre um 1918 bis hin zu den unter dem Schreibverbot seit 1938 entstandenen *Biographischen Gedichten* (OB I, 297) sowie den großen Prosatexten *Roman des Phänotyp* (1944) und *Der Ptolemäer* (1947), auch den offen autobiographischen Parlando-Gedichten der letzten Jahre, ganz zu schweigen von der Autobiographie *Doppelleben*. Benns Lebensstrategie des kalkulierten, vieles abspaltenden und verhüllenden *Doppellebens* muss von seinen Lesern nicht einfach hingenommen und repetiert werden. Weder die Ausformung seiner individuellen Dichtersprache und seiner frühen geistigen Assoziationsräume noch seine spätere weltanschauliche Entwicklung, noch auch sein zutiefst irritierendes Verhalten in den Jahren 1933/34 samt den Konsequenzen daraus lassen sich ohne die Koordinaten seiner ersten Lebensjahre zureichend verstehen. Also werden sie hier dargestellt und entsprechend stark gewichtet.

Freilich sind dem ‹Verstehen› sowohl des Lebenslaufs als auch des Zusammenhangs von Leben und Werk Grenzen gesetzt. Zwar hat die biographisch orientierte Benn-Forschung der siebziger und achtziger Jahre (mit Thilo Kochs «biographischem Essay» von 1957 und F. W. Wodtkes Realienbuch von 1962 als gehaltvollen Vorläufern) Licht ins – vom Autor wie von unkritischen Verehrern oft gewollte – Dunkel bringen können. Dazu haben Psychoanalyse (Schünemann 1977; Sahlberg 1977; Theweleit 1994 – letzterer mit einer sehr produktiven Version), Sozialisationstheorie, Sozialpsychologie und Wissenssoziologie im Verbund (Schröder 1978) sowie avancierte Versionen von Geistesgeschichte (Schöne 1958/68; von Wallmoden 1988, 2003 u.a.) und Milieutheorie (Rübe 1993) beigetragen, und doch muss man sich vor dem hüten, was Pierre Bourdieu die «biographische Illusion» genannt hat, nämlich der Vorstellung vom einzelnen Menschenleben als einem plausiblen Entwicklungsroman. Wir haben das Verlangen, uns den einzelnen Menschen als eine über den ganzen Lebenslauf hin kohärente, stimmige Persönlichkeit vorzustellen.

Widersprüche, Brüche gar irritieren uns. Ist dies schon ein illusionärer Wunsch bezogen auf so genannte Normalbürger, so erst recht, wenn es um moderne Künstler geht. Und für kaum einen gilt es vielleicht so pointiert wie für Gottfried Benn. Wer sich auf ihn einlässt, macht wieder und wieder die Erfahrung, in Sackgassen der Ambivalenz und der Rätselhaftigkeit zu geraten, seinem zunehmenden Wissen zum Trotz.

Von Thomas Mann stammen die Sätze: «Wer ist ein Dichter? Der, dessen Leben symbolisch ist. In mir lebt der Glaube, daß ich nur von mir zu erzählen brauche, um auch der Zeit, der Allgemeinheit die Zunge zu lösen, und ohne diesen Glauben könnte ich mich der Mühe des Produzierens entschlagen.»[1] Gottfried Benn eignet sich nicht als symbolischer Stellvertreter, als Repräsentant der Deutschen, auch wenn ihn in den fünfziger Jahren viele dazu machen wollten.[2] Er war viel eher Seismograph, Zeuge, Symptom – für vier politische Systeme und ihre zutiefst widersprüchlichen Triebkräfte.

In diesem Sinne ähnelt Benn mehr als Thomas Mann dem anderen großen Lyriker der ersten Jahrhunderthälfte, der im gleichen Jahr wie er, 1956, nur sechs Wochen nach ihm, gestorben ist: Bertolt Brecht – der eine in West-Berlin, der andere in Ost-Berlin. Sie waren über dreißig Jahre Antipoden, was ihr Leben und Denken, ihr politisches Handeln und ihr Verständnis der Dichtung anlangt; vereint in einer je eigenen widersprüchlichen Mischung aus Kälte und Leidenschaft, vereint auch in der Faszination durch die Sprache und darin, was ihre poetische Sprache bei Lesern auslösen konnte: Provokation und Verstörung, aber auch Betörung und Entzücken; suggestiv einleuchtend oder sogar vernünftig vieles, dann wieder rätselhaft und widersprüchlich, nicht auf einen Nenner zu bringen.

Etwas davon möge die folgende Darstellung vermitteln: zum Lesen anregen und Verständnis befördern, so weit es eben geht. Sie kann sich naturgemäß nicht messen mit Biographien und Monographien, die den drei- bis zehnfachen Umfang haben, und auch nicht mit Spezialstudien, die einen bedeutsamen Einzelaspekt über dreißig Seiten beleuchten können, wo hier fünf Zeilen reichen müssen.

Sellin, ein Pfarrhaus
in Preußen (1886 – 1896)

[…] geboren in einem Pfarrhaus aus Lehm und Balken, erbaut im siebzehnten Jahrhundert, von einem Schafstall nicht zu unterscheiden (I, 231) – so unterrichtet uns Benn über das Haus in dem brandenburgischen Dorf Mansfeld, in dem er am 2. Mai 1886 zur Welt kam und in dem bereits sein Vater als Sohn eines Pfarrers geboren wurde. Man findet den Ort auf einer Landkarte in der Nähe von Pritzwalk, heute auf halber Strecke an der Autobahn Hamburg – Berlin. Doch wichtiger wurde ein zweites Pfarrhaus, in Sellin in der Neumark, einem Gebiet östlich der Oder und damit heute zu Polen gehörig. In diesen idyllischen Ort in der Nähe von Mieszkowice (Bärwalde) verzog die junge Pfarrersfamilie, als Gottfried Benn ein halbes Jahr alt war. Es war ein Aufstieg: Die Pfarre war größer und das Haus komfortabler, eher nach Art eines stattlichen Bauernhauses und sogar mit Wasserleitung ausgestattet. Benn hat sich immer wieder daran erinnert:

Ein Dorf mit siebenhundert Einwohnern in der norddeutschen Ebene, großes Pfarrhaus, großer Garten, drei Stunden östlich der Oder.

Der Vater: Gustav Benn

Das ist auch heute noch meine Heimat, obgleich ich niemanden mehr dort kenne, Kindheitserde, unendlich geliebtes Land. Dort wuchs ich mit den Dorfjungen auf, sprach Platt, lief bis zum November barfuß, lernte in der Dorfschule, wurde mit den Arbeiterjungen zusammen eingesegnet, fuhr auf dem Erntewagen in die Felder, auf die Wiesen zum Heuen, hütete die Kühe, pflückte auf den Bäumen die Kirschen und Nüsse, klopfte Flöten aus Weidenruten im Frühjahr, nahm Nester aus. […] Eine riesige Linde stand vorm Haus, steht noch heute, eine kleine Birke wuchs auf dem Haustor, wächst noch heute dort, ein uralter gemauerter Backofen lag abseits im Garten. Unendlich blühte der Flieder, die Akazien, der Faulbaum. Am zweiten Ostermorgen schlugen wir uns mit frischen Reisern wach, Ostaras Wecken, alter heidnischer Brauch […]. (Lebensweg eines Intellektualisten, 1934; I, 26)

Der Ton innigen, schmerzlichen Verlangens beim bald Fünfzigjährigen ist unüberhörbar. Die märkische Landschaft, die bäuerliche Lebenswelt, das scheinbar unveränderliche Dorf, kurz, das ‹einfache Leben› – sie sind zu Topoi einer unstillbaren Sehnsucht des Bewohners der Metropole Berlin geworden. Jeder, der seine Heimat verlassen hat, kennt sie. Benn aber gelingen in der Rückwendung auf diesen Sehnsuchtsraum besonders anrührende Gedichte, wie z. B. die nebenstehenden Strophen aus *Epilog 1949.*

Es ist ein Garten, den ich manchmal sehe
Östlich der Oder, wo die Ebenen weit,
ein Graben, eine Brücke, und ich stehe
an Fliederbüschen, blau und rauschbereit.
Es ist ein Knabe, dem ich manchmal trauere,
der sich am See in Schilf und Wogen ließ,
noch strömte nicht der Fluß, vor dem ich schauere,
der erst wie Glück und dann Vergessen hieß.
Epilog 1949, IV (III, 345)

Allerdings enthalten die nachträglichen Entwürfe von Kindheit und Heimat unverkennbar auch Momente von erzwungener Versöhnung. Der Alltag war eher hart. «Das Einkommen eines märkischen Pfarrers war nicht groß, eine kleine eigene Landwirtschaft mußte helfen. Zwischen Wochenbett, Küche, Stall und Garten erschöpften sich die Kräfte» der Mutter.[3] Benn hatte sieben Geschwister – die ältere Schwester Ruth, fünf jüngere Brüder: Stephan (der wie der Vater Pfarrer und später Superintendent wurde), Theodor (in der Weimarer Republik in einem Fememordprozess verurteilt, dann begnadigt), Siegfried (1916 gefallen), Hansgeorg (als Kind gestorben), Ernst-Viktor (Dr. jur. und erfolgreicher Industriemanager) und die erst 1901 geborene Schwester Edith (sie lebte später auch in Berlin). Das Regiment des Vaters war streng, und Sohn Gottfried musste, als Ältester, schon früh die jüngeren Geschwister beaufsichtigen. Die Geschwister liebten und bewunderten ihn, wie die Schwester Edith berichtet hat, als einen, der zaubern konnte und wunderliche Geschichten erzählte, aber auch rätselhaft und sarkastisch sein konnte, wenn er – inzwischen längst Medizinstudent in Berlin – die kleine Edith mit dem Satz «Sieh mich an, das Laster, das bin ich ...» erschreckte.[4]

Entscheidend war die soziale Schieflage, die «extreme Sozialkonstellation»[5], in der sich der Pastorensohn befand und die noch lange fortwirkte. Von den Landarbeiterkindern, mit denen Benn aufwuchs, war schon die Rede, *und wenn es nicht die Arbeiterjungen waren,* schreibt der Autor weiter, *waren es die Söhne des ostelbischen Adels, mit denen ich umging. Diese alten preußischen Familien, nach denen in Berlin die Straßen und Alleen heißen, ganze Viertel, die berühmten friderizianischen und dann die bismarckischen Namen, hier besaßen sie ihre Güter, und mein Vater hatte einen ungewöhnlichen seelsorgerischen Einfluß gerade in ihren Kreisen. [...] ihre Söhne waren der zweite Schlag, mit dem ich großwurde, später zum Teil in gemeinsamer Erziehung* (IV, 26 f.). Das heißt auch, dass Gottfried als Sohn eines gebildeten, sprachmächtigen und zugleich nahezu besitzlosen, gesellschaftlich ohnmächtigen Pfarrers trotz seiner geistigen Überlegenheit gerade nicht zu den Junkerssöhnen gehörte, deren künftige bedeutende Karriere ausgangs des 19. Jahrhunderts noch völlig außer Zweifel stand. Wohl war sein Vater in der Familie des Grafen Günther Finck von Finckenstein[6], der auf dem nahen Schloss Trossin lebte und das Patronat über Sellin innehatte, als Seelsorger und auch als Hauslehrer, der den Grafensohn Heinrich gemeinsam mit dem gleichaltrigen Gottfried aufs Gymnasium vorbereitete, hoch geschätzt. Aber das stellte doch in keiner Weise den Standesunterschied infrage, und das Kind Gottfried wird den Dünkel der adligen Altersgenossen und ihrer Eltern früh erfahren haben.

Albrecht Schöne hat generalisierend von der «eigentümlichen Spannung» gesprochen, «welche die gesellschaftliche Stellung des väterlichen Standes» – eben der Pastoren, und damit auch ihrer Nachkommen – kennzeichnet: «[...] bildungsmäßig der Oberschicht zugehörig, wirtschaftlich zumeist dem Kleinbürgertum entsprechend, bestimmt ihn eine Art sozialer Labilität, von der ein Antrieb zu Unruhe und Aufbruch gerade auf die Söhne ausgehen kann.»[7] Thilo Koch, Benns Biograph noch fast zu Lebzeiten des Dichters, war der erste, der aus dieser nicht vollendeten sozialen Identifikation des werdenden jungen Mannes in der «Ordnung der Namen»[8] eine entschieden weiter reichende These zur späteren Entwicklung Benns abgeleitet hat: «Die kleinen Verhältnisse,

in denen er aufwächst, die Armut empfindet sein aristokratischer Sinn als unangemessen, als drückend. Des Vaters patriarchalisches Regiment verstärkt diese Gefühle, und in der Schule mag dann ein regelrechter Minderwertigkeitskomplex entstanden sein. Hier bildet sich das Wurzelgeflecht, aus dem später vielfältige Ressentiments erwachsen, die soziologisch zum Typus des emporstrebenden bürgerlichen Intellektuellen gehören.»[9] Noch öfter, und zumal wenn es um Benns Parteinahme für die Nazis 1933 geht, wird das Problem der prekären sozialen Schieflage des Dichters bedacht werden müssen.

Von gleicher, wenn nicht noch größerer Bedeutung ist, was Gottfried Benn aus dem spezifischen Kulturmilieu seines Pfarrhauses in sich aufgesogen hat, also das, was vom Vater ausging. Seine vorbehaltlose Liebe gehörte freilich nicht ihm, sondern der Mutter, der aus Fleurier bei Yverdon im französisch-schweizerischen Juragebiet gebürtigen Uhrmachertochter Caroline Jequier

Die Mutter: Caroline Benn

(1858 – 1912). Sie diente als Erzieherin, als «Mademoiselle» auf dem Gut der angesehenen Familie von Wilamowitz-Moellendorf in Gadow, wo sie Gustav Benn (1857 – 1939) kennen lernte, als er dort als Hauslehrer tätig war. Im Juli 1884 heirateten die beiden.

Offenbar behielt Caroline Benn immer einen französischen Akzent und verbreitete so im deutschen Pfarrhaus ein romanisches Flair, das den Sohn Gottfried von Beginn an anzog und das er nie verleugnete. Unter dem Druck nazistischer Verdächtigungen, Jude zu sein, konterte er (wobei er sich in prekärer Weise des gängigen Vokabulars bediente): *In der Ehe meiner Eltern vereinigen sich also das Germanische und das Romanische [...]. Es entstand also eine Mischung, aber es entstanden keine Mischlinge, eine Kreuzung, aber keine Bastarde, auf jeden Fall entstand eine arische Mischung, eine in Deutschland vielfach legitimierte, es ist die Mischung der Réfugiés: Fontane, Chamisso, Du Bois-Reymond haben sie ausgewiesen, es gab eine Zeit, wo die Bevölkerung Berlins zu einem Fünftel aus Réfugiésfamilien bestand.* (IV, 25)

Noch unter dem Eindruck des Todes der geliebten Mutter im April 1912 hatte Benn im Jahr darauf eins seiner erschütterndsten Gedichte geschrieben – *Mutter*:

> *Ich trage dich wie eine Wunde*
> *auf meiner Stirn, die sich nicht schließt.*
> *Sie schmerzt nicht immer. Und es fließt*
> *das Herz sich nicht draus tot.*
> *Nur manchmal plötzlich bin ich blind und spüre*
> *Blut im Munde.* (III, 24)

Gottfried Benn (3. v. r.) mit seinen Geschwistern, 1902

Der maßlose Schmerz, die Überwältigung durch diesen Tod sind unmittelbar spürbar.[10] Ein Grund dafür war, dass der Vater dem gerade als Arzt approbierten Sohn strikt verboten hatte, die Schmerzen der krebskranken Mutter durch Morphium zu lindern. Nein, sagte der Vater, der Schmerz sei gottgewollt, ihn nicht ertragen zu wollen Sünde. Wie sehr dieser völlige Mangel an Mitleid des Gatten den Sohn aufgebracht hat, wie tief überhaupt der Vater-Sohn-Konflikt reichte, ja sich zu Hass und Verachtung steigerte, zeigt das spätestens Anfang 1917 (eher wohl schon 1912) entstandene Rachegedicht *Pastorensohn*, das Benn nur einmal zu Lebzeiten, im Jahre 1922, drucken ließ, und dann nie wieder. Kaum ein anderes der zahlreichen Zeugnisse über zutiefst gestörte Vater-Sohn-Beziehungen aus der expressionistischen Generation ist so radikal:

> *Von Senkern aus dem Patronat,*
> *aus Grafenblasen, Diadochen*
> *beschiffte Windeln um die Knochen*
> *beflaggte noch vom Darmsalat.*

> Der Alte pumpt die Dörfer rum
> und klappert die Kollektenmappe,
> verehrtes Konsistorium,
> Fruchtwasser, neunte Kaulquappe.
>
> [...]
>
> Der Alte ist im Winter grün
> wie Mistel und im Sommer Hecke,
> 'ne neue Rippe und sie brühn
> schon wieder in die Betten Flecke.
>
> Verfluchter alter Abraham,
> zwölf schwere Plagen Isaake
> haun dir mit einer Nudelhacke
> den alten Zeugeschwengel lahm
>
> Von wegen Land und Lilientum
> Brecheisen durch die Gottesflabbe –
> Verehrtes Konsistorium,
> Gut Beil, die neunte Kaulquappe! (III, 400)

Die aggressive Sohnesphantasie, deren Sprache sich aus Redensarten, bekannten Zitaten und Motiven aus der Bibel, Fetzen von
Gesangbuchversen und Gossensprache speist, reicht bis zur Kas-
tration des Erzeugers, ja bis zum Vatermord. Die hasserfüllte Drohung ist natürlich nur bedingt ernst zu nehmen, aber sie zeugt
doch von einem tiefen Riss, der das Fühlen und Denken des Soh-
nes von dem des Vaters ein für alle Mal trennen wird.[11]

Benn hat in Briefen späterer Jahre mehrfach betont, dass er
den Vater – *wirklich ein überirdischer Mann* (OB I, 173) – sehr geliebt,
ja nahezu angebetet habe (IV, 25 f.; IV, 235; OB I, 146, 219 f.)[12], aber
lebenslang blieb er, *ein großer Zelot [Glaubenseiferer] und Fanatiker*,
der in merkwürdiger Weise schwäbisch-pietistische Prägung und
sozialdemokratische Neigungen verband, für ihn ein Fremder.[13]
Dabei hat der begabte Sohn dem *Elternhaus* nicht etwa vorgewor-
fen, dass in ihm keine teuren Gemälde, *keine Gainsboroughs* hingen, man nie ins Theater ging, *kein Chopin gespielt* und überhaupt

ein *ganz amusisches Gedankenleben* gepflegt wurde, wie man die Einleitung des berühmten Gedichts *Teils-teils* missverstehen könnte (III, 339). Was ihn abstieß, war, dass *jedes Ding nur mit Gott oder dem Tod verknüpft* wurde, *und nie mit einer Irdischkeit. Da standen die Dinge fest auf ihrem Platz und reichten bis in das Herz der Erde.* Das aber hatte keinen Bestand im Kopf des jungen Mannes, *den die Seuche der Erkenntnis schlug* (*Heinrich Mann. Ein Untergang*, 1913; II, 9). Der im Pfarrhaus so viel mit Glauben, Gott und Transzendenz traktiert wurde, verwarf all das total – im religiös-konfessionellen Sinne – und wurde Agnostiker. «Gott ist tot!» wurde, mit Nietzsches Zarathustra, zu seiner Devise.

Später zu kommentierende Texte des Dichters zeigen freilich, dass vieles aus dem *amusischen Gedankenleben* des Pfarrhauses stark weiterwirkte: die «Tiefenwirkung einer bestimmten Sozialethik»[14] – ‹Haltung› auch in schwierigen Lebenslagen, Strenge gegen sich selbst, Bescheidenheit –, ein Grundbestand an Geschichten, Motiven und Zitaten aus der Bibel (Benns «erstes Buch» von «nachhaltigem Eindruck»; SW VI, 59[15]) und anderen konfessionellen Schriften und Redeformen (Gesangbuch, Katechismus, Liturgie und Predigt) sowie aus den alltäglichen religiösen Übungen (Tischgebet, Morgen- und Abendandacht, Hausgottesdienst und Unterrichtsstunden),[16] dadurch auch eine Prägung des eigenen Wortschatzes, des individuellen ‹Dichter-Lexikons›. Später wird erkennbar werden, dass der Autor wieder und wieder auf zentrale christliche Glaubensinhalte rekurriert: Passion und Kreuzigung, Opfer, Heil und Erlösung – freilich aus dem Religiösen ganz ins Irdische gewendet, ‹säkularisiert›. Das geschieht einerseits vermittels polemischer Kontrafakturen (wie in den *Morgue*-Ge-

Die Kirche in Sellin

19

dichten von 1912), andererseits, konträr dazu, in Akten ‹fanati-scher› Ästhetisierung. Gedichte und Prosatexte entstehen, die über ihren ekstatischen Gestus, den ihnen eigenen *Wallungswert* beim Schöpfer des Gedichts selbst wie auch bei seinen erregten, faszinierten Lesern die ersehnte *Zusammenhangsdurchstoßung* (IV, 13) und damit quasireligiöse «jähe Erhebungszustände»[17] her-beiführen (sollen). Vor allem spätere, ‹beruhigte› Gedichte über-nehmen eine christlich-religiös gegründete «überdauernde Tem-poralstruktur», deren oft wiederholte, von Sehnsucht nach einem erfüllten Zustand des Heils durchtränkte Leitwörter die Zeitadver-bien *schon, noch einmal* und *erst wenn* sind.[18]

Gottfried Benn ist damit der letzte Große einer langen Reihe von Söhnen aus deutschen Pfarrhäusern des 16. bis 19. Jahrhun-derts, deren protestantisch-christliches Erbe, säkularisiert, als se-mantische Tiefenschicht und «sprachbildende Kraft», ihre Dich-tung oder Philosophie bis ins Innerste geprägt hat – und damit das deutsche Geistesleben insgesamt.[19]

Keiner von diesen Pfarrerssöhnen, von Nietzsche abgesehen, hat sich andererseits so radikal vom heimatlichen Pfarrhaus als der «Urzelle des Geisteslebens»[20] abgelöst wie Gottfried Benn. Das zeigt bekenntnishaft und in überraschender Schärfe bereits ein Brief des Achtzehnjährigen vom 17. Februar 1905, in dem Benn, noch Student der Philologie in Berlin, den Literaten Carl Busse um einen Entscheid darüber anfleht, ob er zum Dichter berufen sei oder nicht – gleichsam eine Freisprechung erhoffend. In dem Brief heißt es: *Hineingeboren in religiöse Atmosphäre, von Kind auf damit vollgesäugt, bildet das Religiöse einen Bestand meiner Seele. Daneben wuchs u. blühte seit Erinnern eine tiefe, große Sehnsucht nach Leben u. Schönheit, die Ihren [sic] Ausdruck fand in dem Verlangen: Künstler wer-den. Sehen Sie den Riß? Hier Religion, Kirche, Vaterhaus, dort Sehnsucht*

Schreibende Pfarrerssöhne 1525 bis 1900
Nikodemus Frischlin, Paul Fleming, Andreas Gryphius, Johann Christoph Gottsched, Christian Fürchtegott Gellert, Gotthold Ephraim Lessing, Chris-toph Martin Wieland, Matthias Claudius, Georg Christoph Lichtenberg, Gottfried August Bürger, Jakob Michael Reinhold Lenz, Jean Paul (Richter), August Wilhelm und Friedrich Schlegel, Friedrich Wilhelm Schelling, Friedrich Daniel Ernst Schleiermacher, Jeremias Gotthelf, Friedrich Nietz-sche, Heinrich Schliemann, Gottfried Benn (und hundert andere).

nach Freiheit, eigener Weltanschauung, Künstlertum. So geht es mehrere Jahre […]. Der Riß wurde zur Kluft. Und kein Mensch ahnte und half. Nun sieht der junge Mann den Zeitpunkt gekommen, sein *Recht an die Kunst, ein Recht zu dieser blutigroten heidnischen Sehnsucht* geltend zu machen, vor den Vater zu treten und zu sagen: *Gib mich frei aus den Banden, die du durch Religion u. Kirche um mich geschlagen hast, ich will meinen eigenen Gott mir suchen […].*[21]

Der nachmalige Autor Benn, mittlerweile 45 Jahre alt, weiß nur zu gut, dass er diesen *Banden* n i c h t entkommen ist, auch wenn er seinen *eigenen Gott* namens Kunst längst inthronisiert hat. Das belegt seine Antwort auf eine Umfrage zur Religiosität der Dichter aus dem Jahre 1931: *So gewiß ich mich früh von den Problemen des Dogmas, der Lehre der Glaubensgemeinschaft entfernte, da mich nur die Probleme der Gestaltung, des Wortes, des Dichterischen bewegten, so gewiß habe ich die Atmosphäre meines Vaterhauses bis heute nicht verloren: in dem Fanatismus zur Transzendenz, in der Unbeirrbarkeit, jeden Materialismus historischer oder psychologischer Art als unzulänglich für die Erfassung und Darstellung des Lebens abzulehnen. Aber ich sehe diese Transzendenz ins Artistische gewendet, als Philosophie, als Metaphysik der Kunst.* (IV, 235)

Das im leiblichen Vater verkörperte und auf den Vatergott projizierte Verlangen nach Heil und Erlösung hat auch der Sohn inmitten seiner tief empfundenen totalen Heillosigkeit nicht aufgegeben. Aber das Ziel hat sich verschoben. Es ist – entscheidender Unterschied – nicht mehr die christliche Heilsbotschaft des Evangeliums, vielmehr – wir greifen vor – Nietzsches «Artisten-Metaphysik»[22], die Benn dann explizit *Evangelium der Kunst* resp. *Artistenevangelium* nennt (IV, 55). An die Stelle des *der Masse* genehmen *Gerüsts Syntax, Glauben, Gesangbücher,* jene *überlebte Attitüde* (*Das letzte Ich,* 1921; II, 97), tritt die *Transzendenz der schöpferischen Lust* (IV, 235). Auf diese für Benns Dichten grundlegende Transformation wird zurückzukommen sein.

Vom Herbst 1896 an besuchte der zehnjährige Knabe das renommierte Königliche Friedrichs-Gymnasium in Frankfurt (Oder), möglicherweise mit einem Stipendium, einer *Freiportion* (III, 400). Die stark vom preußischen Militär und von Verwaltungseinrichtungen geprägte Stadt von etwa 60 000 Einwohnern, Geburts- und Studienort Heinrich von Kleists, war stolz auf ihr gerade 200 Jahre altes humanistisches Gymnasium, an dem der große Historiker Leopold von Ranke einst sieben Jahre unterrichtet hatte. Freilich hatte die «Odermetropole», wie man die Stadt damals nannte, ihre auf das Jahr 1506 zurückgehende Universität Viadrina zugunsten der neu gegründeten Berliner Universität 1811 verloren (inzwischen ist sie wiedererstanden). Der Gymnasiast Benn wohnte viele Jahre in einer Pensionsstube mit dem gleichaltrigen Grafen Heinrich Finck von Finckenstein, mit dem er schon in Sellin befreundet war und der mit ihm, neben dem häuslichen Unterricht bei Vater Benn, die Selliner Dorfschule besucht hatte. Der junge Graf fiel dann zu Beginn des Weltkriegs im August 1914 als einer der Ersten.

Natürlich fuhren alle Schüler in den Ferien und über die Festtage regelmäßig nach Hause – so auch Gottfried, dessen Verbundenheit mit der Familie, insbesondere der Mutter, und dem heimatlichen Oderbruch in diesen Jahren noch wuchs. Als alter Mann hat er sich daran erinnert: *Mit welcher Sehnsucht gedenke ich der Zeit, / wo mir eine Mark dreißig lebenswichtig waren, / ja, notgedrungen, ich sie zählte, / meine Tage ihnen anpassen mußte / was sage ich Tage: Wochen mit Brot und Pflaumenmus / aus irdenen Töpfen / vom heimatlichen Dorf mitgenommen, / noch von häuslicher Armut beschienen, / wie weh war alles, wie schön und zitternd!* (*Keiner weine –*; III, 341)

Benn hat immer wieder betont, dass er *zum Glück ein humanistisches* Gymnasium besucht habe (*Lebensweg*; IV, 27). Er lernte also Altgriechisch und Latein (mit guten Abschlussergebnissen), von den neueren Sprachen nur (mäßig) Französisch, dessen Klänge ihm von der Mutter her vertraut waren. Von nun an wurde für den jungen Mann die enge Beziehung zur griechischen Antike – ihrer Götterwelt und Mythologie, ihrer Kultur (wie er sie bald vor allem mit Nietzsches Augen sah) – bestimmend. Von seinen sehr verschiedenen Sichtweisen auf die Welt der Griechen im Lauf seines Lebens, von der dionysischen Begeisterung hin zur apollinischen Gelassenheit, und den Gründen dafür wird noch zu sprechen sein. An dieser Stelle genügt es festzuhalten, dass durch Benns Gymnasialzeit in Frankfurt an der Oder die Antike als zunehmend gleichberechtigter – und ganz und gar positiv besetzter – Bildungsfundus neben den protestantisch-christlichen aus dem heimatlichen Pfarrhaus tritt. Überdies legte das Friedrichs-Gymnasium soliden Grund in den naturwissenschaftlichen Fächern, für deren besondere Pflege es bekannt war – auch das eine folgenreiche Prägung des jugendlichen Geistes.

Die sieben Frankfurter Gymnasialjahre waren nicht nur eine glückliche Zeit für Benn. Der junge Mann empfand die strenge Schule als Last, aber auch die Tanzstunde oder das Schlittschuhlaufen versetzte ihn nicht in Begeisterung. Immerhin, er lernte jetzt Freundschaft kennen. Der engste Gefährte war wohl der etwa drei Jahre ältere Joachim Trowitzsch, aus dessen Nachlass mehr als ein Dutzend 1901/02 entstandene nette, aber durchaus nicht originelle Gedichte Benns überliefert sind (SW II, 85–97). Dass in Frankfurt auch die Freundschaft mit dem vier Jahre jüngeren Alfred Henschke, später als Dichter unter dem Namen Klabund bekannt, begonnen habe, gehört allerdings ins Reich der Fabel. Henschke kam erst 1906 ans Frankfurter Gymnasium, als Benns Abitur schon drei Jahre zurücklag. Er freundete sich damals mit Benns Bruder Stephan an, während die beiden jungen Autoren einander erst in Berlin näher kamen. Benn hielt dann im August 1928 die Totenrede für Klabund (vgl. I, 405–410).

Auch in Frankfurt sah sich der Gymnasiast Gottfried Benn in jene soziale Schieflage eingezwängt, von der bereits die Rede war. Zwar spielten die Tagelöhnerjungen aus seinem Heimatdorf jetzt keine Rolle mehr, aber umso deutlicher trat der Standesunterschied zu den Söhnen der Aristokraten und wohlhabenden Bürger in Pension und Schule zutage. Eine Zeitgenossin hat sich der damaligen «gesellschaftlichen Kastenordnung» in der Oderstadt erinnert: «Vor 1914 hatten dort die Werte des alten preußischen Ständestaates in einem heute geradezu unfaßbaren Grade Geltung: […] Zuerst Regierung und Landadel (also auch der Kirchenpatron des alten Benn), daneben das Militär, aber dieses wieder in einer eigenen Rangordnung [...]. Dahinter rangierte die Justiz, Land- und Amtsgericht, und dann kamen die städtischen Behörden. Nach oder neben [ihnen] folgten in zwangloser Gruppierung Gymnasialprofessoren und freie Berufe. [...] Ausbrechen aus irgendeiner dieser Kasten, nach oben, unten, rechts oder links, war fast unmöglich [...].»[23]

Ein junger Mensch, der bereits absehen kann, dass ihm bestimmte gesellschaftliche Karrieren für immer verschlossen bleiben, wird sich umso stärker im Reich der Imagination ansiedeln, die ihm niemand nehmen kann. Und so geschah es auch.

Nachdem Gottfried Benn im September 1903 mit sechs anderen Schülern sein Abitur abgelegt hatte (mit guten, aber nicht überragenden Leistungen), ging er an die Philipps-Universität Marburg (mit damals etwa 1500 Studierenden), immatrikulierte sich für die Fächer Evangelische Theologie und Philosophie und

Abiturientenfeier in Frankfurt an der Oder, 1903.
Gottfried Benn 2. v. r.

bezog ein Zimmer in der Wilhelmstraße 10. Es war von Anfang an sein Wunsch, Medizin zu studieren, aber das fand nicht den Beifall des Vaters. Medizin: Das bedeutete ein langes, teures Studium, und außerdem wollte der Vater den ältesten Sohn als Nachfolger in seiner eigenen Pfarre sehen, wie es damals Brauch war.

Über sein Theologiestudium hat sich Benn beharrlich ausgeschwiegen. Dass ihn die renommierte erkenntniskritische Marburger Philosophenschule des Neukantianismus (Hermann Cohen und Paul Natorp) eher abstieß, hat er später angedeutet, und er hat in seinem berühmten Vortrag *Probleme der Lyrik*, den er 1951 an seiner alten Alma Mater hielt, auch darauf hingewiesen, dass er in jenem Marburger Jahr einige Vorlesungen über deutsche Literatur wie auch Poetik und Methodenlehre gehört habe (I, 531). Wie auch immer, Marburg blieb Episode, und allein erinnerungswürdig aus dieser Zeit ist vielleicht eine Anekdote, die der alt gewordene Dichter ebenfalls in seinem Marburger Vortrag mit Behagen vortrug. Er hatte an die Berliner «Romanzeitung» anonym einige Gedichte eingesandt *und wartete nun zitternd einige Wochen auf das Urteil. Es kam und lautete: «G. B. – freundlich in der Gesinnung, schwach im Ausdruck. Senden Sie gelegentlich wieder ein.»* Benn nahm den Kommentar selbst schon vorweg, der jedem seiner Leser sofort in den Kopf kommt: *Das ist lange her, und nun sehen Sie, daß ich nach einigen Jahrzehnten Arbeit doch unter die sogenannten Ausdrucksdichter gerechnet werde, während im Gegensatz dazu meine Gesinnung jetzt vielleicht als unfreundlich bezeichnet wird.* (I, 532)[24] Diese Entwicklung sollte sich in den anschließenden Berliner Jahren vollziehen.

Berlin I: Pépinière – Psychiatrie – Pathologie (1904–1914)

Mit dem Wechsel von der Universität Marburg an die Kaiser-Wilhelm-Universität Berlin (die nachmalige Humboldt-Universität) siedelte sich Benn auf Dauer in der Hauptstadt des Deutschen Reiches an, die ihm – mit nur wenigen Unterbrechungen von insgesamt etwa sechs Jahren – zum lebenslangen Wohnort werden sollte. Am Ende hatte er 48 Jahre in Berlin verbracht – der europäischen Metropole, die in den Jahrzehnten bis 1914 am stürmischsten vor allen anderen gewachsen war und in den zwanziger Jahren auch an kultureller Bedeutung mit London und Paris gleichzog. Als er im September 1935 vom ungeliebten Hannover aus über ein Wochenende in Berlin war, das er unfreiwillig verlassen hatte, schrieb er voller Wehmut an den Bremer Freund Friedrich Wilhelm Oelze: *Wie hat mich diese Stadt wieder erregt, ihre Abendstunde am Sonnabend zwischen 5 u 6, ihr monströser Genussapparat, ihre Sicherheit, ihr Mördergesicht, ihr kaltes Zerschmettern alles Provinziellen, Kläglichen, kärglichen Nur-Wollens, hier heisst es: Formwerden u. vollbringen! Stadt meines Lebens, meines Schicksals, meiner schönsten Jahre! Immer werde ich Heimweh nach ihr haben.* (OB I, 73) In der Mitte dieser Stadt erlebte Benn vier politische Systeme, und das hieß erst einmal: das Kaiserreich unter Wilhelm II., das Zeitalter falscher Sekurität und «machtgeschützter Innerlichkeit» (Thomas Mann), die zumal die Bürger in der Illusion leben ließ, so werde es immer weitergehen. Es waren die Künstler, die den Verfall, die Zersetzung dieser vermeintlich heilen Welt bloßlegten und ihr den Totenschein ausstellten, noch bevor sie im Weltkrieg tatsächlich starb. Einer dieser Künstler, und einer der radikalsten, hieß Gottfried Benn.

MILITÄRÄRZTLICHE AKADEMIE, SANITÄTS-KORPS, ZIVILARZT

Auch das zweisemestrige Philologiestudium an der Berliner Universität 1904/05 hinterließ nur geringe Spuren in dem jungen

Mann. Bemerkenswert ist immerhin, dass Benn – nur fünf Jahre nach Nietzsches Tod – eine Vorlesung über den Philosophen bei dem renommierten Professor Richard M. Meyer hörte, also, so darf man vermuten, auch einiges von Nietzsche las. Im Sommer 1905 wurde Benn allerdings wegen «Unfleißes» aus der Universitätsmatrikel gestrichen.

Aber jetzt war es endlich so weit, dass der von den Geisteswissenschaften frustrierte junge Mann die Zustimmung des Vaters zum Medizinstudium erwirken konnte, vermutlich kraft der Autorität des populären spätpietistischen Theologen Christoph Friedrich Blumhardt aus dem schwäbischen Bad Boll, der Gustav Benns Mentor war, seit dieser seine Kinder als Hauslehrer unterrichtet hatte. Freilich kam ein normales Medizinstudium aus Kostengründen nach wie vor nicht infrage. Als Ausweg bot sich die «Kaiser-Wilhelm-Akademie für das militärärztliche Bildungswesen» an, die zwar kein Stipendium bot, aber doch ein nahezu kostenfreies Studium ermöglichte – mit der Auflage freilich, für jedes Studiensemester ein Jahr als Militärarzt zu dienen. Für den Neunzehnjährigen beginnt damit im Oktober 1905 eine sein weiteres Leben bestimmende Bindung ans Militär, die in den Jahren ab 1935 geradezu schicksalhaft wurde.

Benn hat seine medizinische Ausbildung an der Kaiser-Wilhelm-Akademie nachmals in den höchsten Tönen gelobt: *Eine vorzüglich Hochschule, alles verdanke ich ihr! Virchow, Helmholtz, Leyden, Bering waren aus ihr hervorgegangen, ihr Geist herrschte dort mehr als der militärische, und die Führung der Anstalt war mustergültig. [...] das Leben dort [war] das völlig freier Studenten, wir hatten keine Uniform. – Rückblickend erscheint mir meine Existenz ohne diese Wendung zur Medizin und Biologie völlig undenkbar. Es sammelte sich noch einmal in diesen Jahren die ganze Summe der induktiven Epoche, ihre Methoden, Gesinnungen, ihr Jargon, alles stand in vollster Blüte, es waren die Jahre ihres höchsten Triumphes, ihrer folgenreichsten Resultate, ihrer wahrhaft olympischen Größe. Und eines lehrte sie die Jugend, da sie noch ganz unbestritten herrschte: Kälte des Denkens, Nüchternheit, letzte Schärfe des Begriffs, Bereithalten von Belegen für jedes Urteil, unerbittliche Kritik, Selbstkritik, mit einem Wort die s c h ö p f e r i s c h e S e i t e d e s O b j e k t i v e n. Die kommenden Jahrzehnte konnte man ohne sie nicht verstehen, wer nicht durch die naturwissenschaftliche Epoche hindurch-*

gegangen war, konnte nie zu einem bedeutenden Urteil gelangen [...].
(*Lebensweg*; IV, 27 f.)

Benns emphatisches Lob der Naturwissenschaften darf nicht als ironisch missverstanden werden.[25] In Übereinstimmung mit seiner scharfen Kritik an vulgärem, positivistischem Fortschritts-optimismus und borniertem Rationalismus, wie sie sich in den 1910er Jahren deutlich artikuliert, hat der Autor zeit seines Lebens an seiner Hochschätzung der auf Empirie gegründeten, exakten, ‹kalten› Wissenschaften festgehalten, die das Rückgrat seiner me-dizinischen Ausbildung zwischen 1905 und 1911 bildeten. Die von ihm hervorgehobene *schöpferische Seite des Objektiven* meint wohl zweierlei: eine Ablehnung aller idealistischen Vorstellun-gen von ‹Geist› und seiner Entstehung – sei es als göttliche Offen-barung, sei es als Inspiration aus dem Nichts; und die Betonung der leiblich-biologischen Grundlagen von Kreativität, später, mit Wilhelm Lange-Eichbaum, pointiert in Richtung des *Bionegativen*, so genannten Anormalen, Kranken, womit der Autor sich explizit von nazistischen Phantasmen ‹artreinen›, ‹gesunden› Schöpfer-tums unterschied.

Die Kaiser-Wilhelm-Akademie, Pépinière genannt (franzö-sisch ‹Baumschule› – ein altmodischer Ausdruck für Bildungs-stätte), lag im Herzen Berlins an der Friedrichstraße, rückwärtig zur Spree hin, und bot den Studierenden der ersten Semester an-fangs wohl auch Wohnquartier. In den letzten Semestern wohnte

Die Pépinière
in Berlin

Benn in einer privaten Studentenbude im Nordwesten Berlins, nahe dem Moabiter Krankenhaus. In der Pépinière gab es eine ausgesprochen großzügige Bibliothek und ebensolche Laboratorien, ansonsten studierten die von der Militärakademie Aufgenommenen (natürlich allesamt Männer) gemeinsam mit den ‹zivilen› Studenten an der großen Universität nach einem so strikten wie gehaltvollen Studienplan, der auch allgemeinbildende Kollegs an den Samstagnachmittagen umfasste (hier könnte Benn noch Nietzsches Kontrahenten Ulrich von Wilamowitz-Moellendorff gehört haben).[26] Dass man damals Mensuren mit dem Säbel schlug, wovon lebenslang eine Narbe über Benns linkem Jochbein zeugt, gehörte ebenfalls dazu.[27] Jedenfalls leistete die Akademie, neben der *gesellschaftlichen Bildung des alten Offizierskorps*, so Benn rückblickend, eine Schulung in der *Härte des Gedankens, Verantwortung im Urteil, Sicherheit im Unterscheiden von Zufälligem und Gesetzlichem, vor allem aber die tiefe Skepsis, die Stil schafft, das wuchs hier* (IV, 28). In sechs Studienjahren nahm Benn dergestalt einen vom preußischen Militär als Lebensform geprägten geistigen wie auch gesellschaftlichen Habitus an, den die Mitlebenden immer wieder als auffällig registriert haben und den er sein Leben lang nicht mehr aufgab. Und ein Zweites setzte sich in ihm infolge des Studiums und der ersten Berufserfahrungen dauerhaft fest: der Gebrauch eines explizit medizinischen Vokabulars in den nun bald entstehenden ernsthaften belletristischen Texten, vor allem, und dort besonders befremdlich, in der Lyrik.

Gottfried Benns ärztliche Tätigkeit ist in seinen ersten Berufsjahren etwas unübersichtlich. Im Oktober 1910, also noch als Student, wurde er als so genannter Unterarzt beim Infanterie-Regiment 64 in Prenzlau (Uckermark) eingestellt und hospitierte gleichzeitig bis zum Oktober 1911 in der Psychiatrie der Berliner Charité. In dieser Zeit entstanden vier von dieser Arbeit inspirierte Studien, u. a. ein *Beitrag zur Geschichte der Psychiatrie*, der in der eher kulturkonservativen Zeitschrift «Die Grenzboten» erschien, und ein weiterer über *Die Ätiologie der Pubertätsepilepsie*, das Thema der Preisaufgabe der Berliner Medizinischen Fakultät im Jahre 1910. Dieser Aufsatz errang den ersten Preis und wurde 1911 in der «Allgemeinen Zeitschrift für Psychiatrie und physisch-gerichtliche Medizin» gedruckt. Der unbemittelte junge Mann

zog, vor die Wahl gestellt, der Goldmedaille die Kupferversion vor
und ließ sich den Restwert in Höhe von 200 Goldmark auszahlen.
Im Oktober 1911 legte der Fünfundzwanzigjährige sein medizinisches Staatsexamen ab und erhielt die Approbation. Im Februar
1912 erfolgte schließlich die Promotion zum Doktor der Medizin
mit einer – fachlich offenbar mäßigen – Arbeit: *Über die Häufigkeit
von Diabetes mellitus* im Heer.[28]

Nächster Standort nach Prenzlau war ab dem Sommer 1912
Berlin-Spandau, wo der frisch gebackene Arzt bei einem Pionierbataillon diente. Aber bereits ein Jahr später, am 22. März 1913,
konnte er seinen Abschied von der Truppe nehmen, *da nach einem
sechsstündigen Galopp bei einer Übung eine Niere sich lockerte* (*Epilog
und lyrisches Ich*; IV, 7). Man spricht in einem solchen Fall von
‹Wanderniere›, aber es sind Zweifel angebracht, ob Benn tatsächlich diesen *Körperschaden* (*Lebenslauf*; SW V, 81) hatte, da auch
später nie mehr von einschlägigen Beschwerden die Rede ist.[29]
So liegt die Vermutung nahe, dass bei dem jungen Arzt psychische

Probleme aufgetreten sein könnten, unter denen er bereits 1911, als er in der Psychiatrie arbeitete, gelitten hatte. Benn hat sie selbst 1921 rückblickend als *Depersonalisation oder als Entfremdung der Wahrnehmungswelt* gekennzeichnet (*Epilog und lyrisches Ich*; IV, 9). Sie werden später, wenn es um die Rönne-Novellen aus der Weltkriegszeit geht, genauer zu beleuchten sein.

Benn nahm, nunmehr ganz zivil, aber auch mittellos, im Frühjahr 1913 zunächst eine Assistentenstelle am Pathologisch-Anatomischen Institut des Berliner Westend-Krankenhauses an und wechselte im November 1913 auf die Leiterstelle des Pathologischen Instituts am Gynäkologischen Krankenhaus Charlottenburg, wo ihm, wie schon in Westend, die «Ausführung der Sektionen, der bakteriologischen und mikroskopischen Untersuchungen» übertragen war und er nachweislich 297 Sektionen durchführte.[30] Aber auch hier schied der Ruhelose nach nur wenigen Monaten, am 31. März 1914, «auf Wunsch»[31] wieder aus. Passagen aus der Szene *Ithaka* von 1914, in der erstmals die Gestalt des Dr. Rönne alias Dr. Benn auftaucht, geben einen Einblick in die Irritationen des jungen Arztes – weniger der deformierten Uteri und abgestorbenen Föten wegen, die er zu sezieren hatte, mehr aufgrund der aufgeblasenen ärztlichen Autoritäten und

Einige Dichter-Ärzte
François Rabelais, Paul Fleming, Tobias George Smollett, Friedrich Schiller, Georg Büchner, Eugène Sue, Anton Tschechow, Arthur Schnitzler, Alfred Döblin, Gottfried Benn, Wilhelm Klemm, Richard Huelsenbeck, Ernst Weiss, Somerset Maugham, Michail Bulgakow, Heinar Kipphardt, Ernst Augustin, Rainald Goetz, Uwe Tellkamp, Jakob Hein

ihres borniertenWeltbildes: *[…] subalternste Gehirntätigkeiten, nicht das Atom eines Gedankens […], der außerhalb der Banalität stände […]: Maulwurfspack und Affenstirnen – eine Herde zum Speien!* (II, 296)[32]

Aus einem Totenhaus: die «Morgue»-Gedichte (1912)

Im Lauf seiner ersten Dienstjahre wurde Gottfried Benn zunächst ein heimlicher und bald auch ein in literarischen Zirkeln bekannter, Aufsehen erregender Autor. Man muss sich vor Augen halten, dass er in dieser Zeit, unbeschadet seiner militärdienstlichen Verpflichtungen (die für eine Weile auch die Ausbildung an der Waffe einschlossen), wenigstens phasenweise mitten in Berlin lebte, viel las, Künstler kennen lernte und seinen eigenen literarischen Auftritt zielstrebig vorbereitete.

Aus welchen Eindrücken und existenziellen Nöten seine ersten ernst zu nehmenden Texte gespeist sind, ist unschwer zu erkennen. Es sind (1) die Prägungen durch die naturwissenschaftliche Ausbildung und ihre Erkenntnismaximen (sie besiegeln den Abschied vom Vaterprinzip Religion endgültig), sodann (2) die Erfahrungen des jungen Arztes in der Psychiatrie und in der Pathologie, des Weiteren (3) der Amüsierbetrieb der Metropole Berlin bei Nacht, schließlich (4) sein Umgang mit militärischen Chargen aus dem Offizierskorps, die er, bei allem Respekt vor der Institution als ganzer, bereits vor den ernüchternden Erfahrungen im Krieg völlig illusionslos in ihrer bodenlosen Ignoranz und Gemeinheit wahrnimmt.

1910 – *das Jahr, in dem es in allen Gebälken zu knistern begann* (IV, 378) – ist das Jahr von Gottfried Benns literarischem Debüt. Vier Gedichte gelangen zum Druck (und in einem Herbstgedicht kommen, wie später so häufig, Astern vor: SW VII/1, 354), aber weitaus interessanter als diese Verse im Gefolge Richard Dehmels, Detlev von Liliencrons und des Jugendstils ist ein von der Zeitschrift «Die Grenzboten» publizierter Text Benns aus dem gleichen Jahr, der den Titel *Gespräch* trägt. Hier entwerfen zwei junge Literaten im Dialog eine veritable kleine Poetik und stellen die Dichtung in ein Koordinatensystem, das für Benn auch späterhin Geltung hat. Es ist die Grundspannung zwischen dem *Leben* (das Wort steht auf einer Seite gleich neun Mal) und dem *Zerebralen.* Mit dem dänischen Erzähler Jens Peter Jacobsen, der auch Naturwissenschaftler war, als Kronzeugen (am Rande auch Gustave Flaubert) plädiert Benns Alter Ego Thom für eine Übertragung der *Methode* des Wahrnehmens *aus den Naturwissenschaften in die Kunst,* die dem *Intuitiven, Spontanen* allenfalls eine Randstellung einräumt. (IV, 182 / 186)

Noch stärker wegweisend ist ein Prosatext, *Unter der Großhirnrinde. Briefe vom Meer,* vom Oktober 1911, damals in der «Frankfurter Zeitung» abgedruckt und erst vor wenigen Jahren wiederentdeckt. Benn lässt, das ist die formale Fiktion, einen Arzt Briefe an einen Freund schreiben (man ahnt das Vorbild, Hugo von Hofmannsthals berühmten «Lord-Chandos»-Brief), in denen er Erwägungen über das Verhältnis von Intellekt und Leben, Großhirnrinde und Seele, Bewusstsein und Unbewusstem anstellt. *Drei Wissenschaften streiten sich um diese Fragen. [...] Ich bin von allen dreien durchseucht; ich habe mich in jede einzelne eingewühlt wie die Sau in die Suhle; [...] mit dem Erfolg, daß ich nun keiner mehr glauben kann.* (SW VII/1, 356 f.) Anders als im *Gespräch* und die Tendenz der Texte aus dem Ersten Weltkrieg vorwegnehmend, wird der Ausweg aus diesem Dilemma in der Befreiung vom Diktat der *Großhirnrinde* gesehen, im bloßen *Leben, ungeheuer einfach und rauscherregend*, in der Absage an *das große fressende herrschsüchtige Tier, das da heißt der erkennende Mensch: der reckte sich zum Himmel und aus seiner Stirne spielte er die Welt.* (SW VII/1, 358 f.[33]) Man sieht, Gottfried Benn schwankt weiterhin zwischen Anerkennung der strengen, maßgebenden Naturwissenschaften und ihrer verächtlichen Verwerfung. Beides geht in seine Dichtung ein.

Im März 1912 erschien, Benn war gerade promoviert, sein Zyklus *Morgue und andere Gedichte*, der die literarische Welt in beispielloser Weise verstörte und noch heute jedem Leser den Atem benimmt. Man hat das Erscheinen dieser nur neun Gedichte gern mit der furiosen Premiere Goethes mit seinem «Werther» verglichen, die gleichfalls Epoche machte. Zu verdanken war dieser Literaturskandal dem Wagemut des Verlegers Alfred Richard Meyer, der Benns Zyklus in die Heftreihe seiner «Flugblätter» aufnahm, und trotz der schmalen Auflage von nur 500 Exemplaren war die Wirkung gewaltig.

Gesehen wird zumeist nur die Thematik der ersten fünf *Morgue*-Gedichte – Leichenschauhaus und Pathologie –, hinzu kommen aber noch drei Gedichte aus der Welt der Kranken (*Blinddarm*), der Sterbenden (*Mann und Frau gehn durch die Krebsbaracke*) und der Gebärenden (*Saal der kreißenden Frauen*), schließlich eines aus der Unterhaltungsbranche der Metropole bei Nacht (*Nachtcafé*), eines schockierender als das andere. Aber es sind nicht nur die Themen, die die Leser aufwühlten. Rainer Maria Rilke hatte schon 1906 ein Gedicht mit dem Titel «Morgue» veröffentlicht, und von Georg Heym gab es einen kleinen «Morgue»-Zyklus und Gedichte aus der Welt der Kranken und Sterbenden wie «Fieberspital» oder «Die Irren» aus den Jahren 1910/11. Dabei geht das gängige Urteil in die Irre, dass Benn in den *Morgue*-Gedichten nur Sektionsprotokolle in Verse umbrochen, also Medizinerterminologie und -jargon literaturfähig gemacht und damit die Lyrikliebhaber verschreckt habe. Nein, es handelt sich schon um ‹richtige› Gedichte, wenngleich Endreim und regelmäßiges Metrum nur noch ausnahmsweise vorkommen. Das entscheidend Neue ist der fremde, scheinbar kalte, distanzierte Blick dessen, der da spricht (man mag ihn kaum noch ‹lyrisches Ich› nennen), und die schroffe, aggressive, höhnische, vermeintlich zynische und gelegentlich vulgäre Sprache, mit der das Hässliche und Ekelerregende besprochen wird. Einige Gedichte wecken durch ihre Titel – *Kleine Aster*, *Schöne Jugend*, *Requiem* – zunächst noch Erwartungen, wie sie die konventionelle Goldschnittlyrik erfüllte, um diese dann umso krasser zu desavouieren.

> *Schöne Jugend*
>
> *Der Mund eines Mädchens, das lange im Schilf gelegen hatte,*
> *sah so angeknabbert aus.*
> *Als man die Brust aufbrach, war die Speiseröhre so löcherig.*
> *Schließlich in einer Laube unter dem Zwerchfell*
> *fand man ein Nest von jungen Ratten.*
> *Ein kleines Schwesterchen lag tot.*
> *Die anderen lebten von Leber und Niere,*
> *tranken das kalte Blut und hatten*
> *hier eine schöne Jugend verlebt.*
> *Und schön und schnell kam auch ihr Tod:*
> *Man warf sie allesamt ins Wasser.*
> *Ach, wie die kleinen Schnauzen quietschten!*   (III, 8)

Es geht nicht darum, wie man erwarten möchte (so z. B. in Georg Heyms Wasserleichen-Gedicht «Ophelia»[34]), ein zu früh gestorbenes, gewiss auch schönes Mädchen zu beweinen. Der Leichnam des namenlosen Mädchens existiert in Benns Gedicht von vornherein nur noch als nährende Materie, in einzelnen Körperteilen und Organen (Mund, Brust, Speiseröhre, Zwerchfell, Leber, Niere), die allesamt nicht mehr intakt sind. Was lebt und in den Höhlungen des Mädchenkörpers *eine schöne Jugend* verbracht hat, sind ein paar Rattenkinder. Aber auch sie müssen, wie alles Lebendige, sterben – *schön und schnell*, wie sich die Menschen der Antike den Tod wünschten. Nicht dem toten Menschen gilt der mitleidige Ausruf des letzten Verses, der als einziger die Haltung des distanzierten Berichterstatters und die Sphäre des *man* verlässt, vielmehr – das ist das Skandalon – den kleinen Ratten. Der Tod ist der große Gleichmacher, wie in der Lyrik des Barock – nur dass es dort, bei Andreas Gryphius zumal, aller Leere und Nichtigkeit zum Trotz für den Menschen immer eine Jenseitshoffnung, ja -gewissheit gibt.

Nichts mehr davon bei Benn. Wenn christliche Symbole und Motive auftauchen (wie vor allem in *Requiem*, wo über die menschlichen *Leiber* im Leben und im Tod, *Gottes Tempel und Teufels Stall* zugleich, räsoniert wird; III, 10), dann nur, um sie, im Wege der Kontrafaktur, außer Kraft zu setzen. Alles ist nur ein ewiger *Kreislauf* von Leben und Tod, ohne Ziel, ohne Heil, ohne Erlösung. Dem lebendigen Körper ist immer schon Leiden und Krankheit (die *Krebsbaracke!*), Zerfall und Verwesung eingeschrieben. Wenige Jahre später, im Weltkrieg, wird Benn in dem kurzen Zyklus *Der Arzt*, die biblische Verheißung des Menschen in ihr Gegenteil verkehrend, resümieren: *Die Krone der Schöpfung, das Schwein, der Mensch* – (III, 12). Noch Jahrzehnte später hat Benn diesen *infernalischen* Satz verteidigt: Diese seine *Bergpredigt* wolle sagen: *laßt doch euer ewiges ideologisches Geschwätz, euer Gebarme um etwas «Höheres», der Mensch ist kein höheres Wesen […].* (IV, 410)

So enthalten Benns frühe Gedichte bereits in nuce seine spätere Lebens- und Geschichtsphilosophie. Sie sind, wie so viele andere dichterische Äußerungen dieser Jahre, ein extremer Ausdruck der «transzendentalen Obdachlosigkeit»[35], der sich die Besten unter den jungen Intellektuellen ausgesetzt fühlten, und zugleich sind sie als scharfe Kampfansage an alle fortschrittsgewissen Weltanschauungen der Zeit zu lesen – ob sie nun den Menschen das Blaue vom Himmel herunter versprechen (wie die Religion) oder das Heil von seiner eigenen Gattung und ihrer ach so großartigen Vernunft erwarten (wie der Positivismus der Naturwissenschaften und der Materialismus der Marxisten).

Schärfer noch als andere defätistische Texte aus Benns Generation der Expressionisten um 1910 – 14, sind die *Morgue*-Gedichte damit auch eine eindrucksvolle Prophetie des Zivilisationsbruchs, den der Erste Weltkrieg mit seinen Millionen Opfern zeitigte. Der sechsundzwanzigjährige Autor, dem seine Kritiker bis heute gern

Gefühlskälte und Zynismus unterstellen, hat seinerseits mit diesen Gedichten in unüberbietbarer Klarheit die Gefühlskälte und den Zynismus einer Zivilisation im Zeichen der instrumentellen Vernunft ausgestellt, die sich mit humanistischen Phrasen schmückte, während sie schon einen Krieg der modernsten Waffen vorbereitete, in dem ‹der Mensch› nur noch ‹Material› sein würde. Die Maske des klinischen Beobachters oder des kunstgerechten Leichenöffners war der Schutzhelm, unter dem der Dichter sein eigenes Mitleiden verbarg.

Benn hat sich im *Lebensweg eines Intellektualisten* von 1934 an die Entstehung der *Morgue*-Gedichte erinnert. Es sei *abends* gewesen, schreibt er, *ich wohnte im Nordwesten von Berlin und hatte im Moabiter Krankenhaus einen Sektionskurs gehabt. Es war ein Zyklus von sechs [sic!] Gedichten, die alle in der gleichen Stunde aufstiegen, sich heraufwarfen, da waren, vorher war nichts von ihnen da; als der Dämmerzustand endete, war ich leer, hungernd, taumelnd und stieg schwierig hervor aus dem großen Verfall.* (IV, 45) Nun, zumindest die Wendung *vorher war nichts von ihnen [den Gedichten] da* wird man nicht wörtlich nehmen dürfen. Da sind späte Einlassungen des Autors wie in *Probleme der Lyrik* (1951) plausibler, die uns belehren, dass ein Gedicht *ein Kunstprodukt* ist, *gemacht* wird und nur *sehr selten [...] entsteht.* (I, 495) Gleichwohl stimmt, dass diese frühen Gedichte etwas Eruptives, einer Entladung Ähnliches haben, dass sie also auch ein Ergebnis der Benn'schen *Rauschmethode* (IV, 45) sind, die wenig später, in den Texten aus dem Ersten Weltkrieg, zur Blüte gelangt.

Den meisten Zeitgenossen waren die *Morgue*-Gedichte ein Gräuel. Sie brachten dem Debütanten, wie er 1934

SÖHNE
Neue Gedichte von GOTTFRIED BENN, dem Verfasser der Morgue
A. R. MEYER VERLAG BERLIN · WILMERSDORF

Erstausgabe von «Söhne» mit einem Titelbild von Ludwig Meidner, 1913

rückblickend resümierte, *den Ruf eines brüchigen Roués ein, eines infernalischen Snobs und des typischen – heute des typischen jüdischen Mischlings, damals des typischen – Kaffeehausliteraten, während ich auf den Kartoffelfeldern der Uckermark die Regimentsübungen mitmarschierte und in Döberitz beim Stab des Divisionskommandeurs im englischen Trab über die Kiefernhügel setzte.* (IV, 29) Ein Kritiker warf dem Verleger Meyer vor, mit den *Morgue*-Gedichten «faule Früchte» in die «kostbaren Schalen» seiner hübschen Lyrikhefte gelegt zu haben, und dem Autor Benn attestierte er «ekelhafte Lust am Häßlichen, Unflätigen, an schamlosen Offenheiten».[36] Ein anderer geißelte des Dichters «Bilder von einer Scheußlichkeit ohnegleichen», die «zu zitieren unmöglich ist». Immerhin räumte er ein: «Der Stil ist nicht schlecht: knapp und verbissen.»[37]

Benn konnten solche Verrisse aus dem bürgerlich-konservativen Lager nur recht sein, zumindest, solange sich ausblenden ließ, dass er doch gerade erst kaiserlich-preußischer Militärarzt geworden war. Er schuf sich damit auf Anhieb einen herausgehobenen Platz im literarischen Feld, den er, von der NS-Zeit abgesehen, bis an sein Lebensende nicht mehr preisgeben musste. Überdies gab es auch andere, begeisterte Stimmen wie die des drei Jahre älteren Dichterkollegen Ernst Stadler, der gleich zu Kriegsbeginn im Oktober 1914 fiel, oder die von Else Lasker-Schüler, die ihr überschäumendes Lob über Benns «grauenvolle Kunstwunder»[38] schon schrieb, bevor Benn und sie sich wohl im Sommer 1912 näher kennen lernten und eine Liebesbeziehung entstand, zu der es verschiedene Lesarten gibt. Da sind ihre ehrenwörtlichen Erklärungen an die Adresse des (gegenüber Benn spröden) Verlegers

Am meisten interessieren die Verse eines jungen Arztes, Gottfried Benns *Morgue*. Schon äußerlich durch die Stoffwahl, die nun freilich gründlich mit dem lyrischen Ideal der Blaublümeleinritter aufräumt. […] Überall herrscht jene unbeteiligte Sachlichkeit, die nur Tatsächlichkeiten aufzureihen scheint und doch […] schon durch die gleichsam lautlos mitschwingende Musik der inneren Erschütterung verrät, daß hinter dieser schroffen Zugeschlossenheit ein starkes mitleidendes Gefühl steht, eine fast weibliche Empfindsamkeit und eine verzweifelte Auflehnung gegen die Tragik des Lebens und die ungeheure Gefühllosigkeit der Natur. […] Wer Lebensvorgänge mit solcher Knappheit und Wucht zu gestalten […] vermag, ist sicherlich ein Dichter.
Ernst Stadler über «Morgue und andere Gedichte»

Kurt Wolff (dass sie und Benn «nicht näher zusammen stehn wie Brüder»[39]), und da sind die flammenden Liebesgedichte von beiden Seiten und bewegende Zeugnisse des Zerbrechens der Beziehung zwischen Benn und der siebzehn Jahre älteren großen Lyrikerin, die er sein Leben lang bewundert hat.

Das literarische Berlin war um 1910 bewegt und kreativ wie kaum je davor und danach. Zeitschriften mit Titeln wie «Der Sturm», «Die Aktion», «Der jüngste Tag», «Pan», «Das neue Pathos» und «Die weißen Blätter» – alle zwischen 1910 und 1913 gegründet – kündeten von der Aufbruchsstimmung junger Künstler und Intellektueller, die ahnten, dass die alte Bürgerwelt ihrem Ende, wo nicht einer Katastrophe entgegenging. Benn hat in dieser Bewegung, die man bald ‹Expressionismus› nannte, *die letzte literarische Bewegung in Europa und ihres letzten geschlossenen Ausdruckswillens* gesehen (I, 537), *einheitlich in [ihrer] inneren Grundhaltung als Wirklichkeitszertrümmerung, als rücksichtsloses An-die-Wurzel-der-Dinge-Gehen [...]*. (IV, 382)

In den Zeitschriften dieser Bewegung begann nun auch Gottfried Benn zu veröffentlichen; mit ihren Herausgebern und Autoren hatte er Umgang. Manche früh Berühmte wie Georg Heym oder Jakob van Hoddis («Weltende») lernte er bei Lesungen in den literarischen Clubs der Hauptstadt kennen, einige, wie Franz Pfemfert, Paul Zech oder Carl Einstein und eben Else Lasker-Schüler, wurden Freunde. Die auffällige Erscheinung der großen Lyrikerin hat Benn in einer verehrungs- und liebevollen Gedenkrede von 1952 anschaulich beschrieben: *Sie war klein, damals knabenhaft schlank, hatte pechschwarze Haare, kurz geschnitten, was zu der Zeit noch selten war, große rabenschwarze, bewegliche Augen mit einem ausweichenden unerklärlichen Blick. Man konnte weder damals noch später mit ihr über die Straße gehen, ohne daß alle Welt stillstand und ihr nachsah: extravagante weite Röcke oder Hosen, unmögliche Obergewänder, Hals und Arme behängt mit auffallendem, unechtem Schmuck, Ketten, Ohrringe, Talmiringe an den Fingern [...]. Das war der Prinz von Theben, Jussuf, Tino von Bagdad, der schwarze Schwan.* (I, 537 f.)

Die Liebe zwischen zwei in Habitus und Temperament so verschiedenen, wiewohl in der Unbedingtheit des Gefühls umso ähnlicheren Menschen konnte wohl nur von begrenzter Dauer sein. Schon die Titel von einander zugeeigneten Gedichten wie das imperativische «Höre!» (Lasker-Schüler) oder Benns *Drohung* (aus dem Zyklus *Alaska*, 1913; III, 23) resp. *Drohungen* (III, 367 f.) lassen etwas von der Heftigkeit der Beziehung ahnen. Wie auch immer, «König Giselheer», der «Barbar», «Nibelunge», «Arier», wie Lasker-Schüler den Geliebten nannte, ließ sich nicht halten. Wohl während eines Urlaubs auf der Insel Hiddensee im Herbst 1913 zerbrach die Beziehung endgültig. Benn hatte der Freundin gerade noch seinen zweiten Gedichtband *Söhne* gewidmet.

Else Lasker-Schüler, 1909/10

Wer an den Autor der *Statischen Gedichte* denkt, wird kaum glauben wollen, dass Benn in seinem expressionistischen Jahrzehnt eine Anzahl von Gedichten geschrieben hat, die einen sogleich an die karikaturnahen, grotesken Zeichnungen von George Grosz aus der Zeit um 1920 denken lassen. Tatsächlich heißt eine Zeichnung von Grosz aus dem Jahre 1918 «Dr. Benn's Nachtcafé», und sie passt auch stilistisch vorzüglich zu Benns erstem Gedicht *Nachtcafé* von 1912, dem bis 1914 fünf weitere unter demselben Titel folgten. Die beiden Künstler hatten sich angefreundet und der Dichter dem Zeichner umgekehrt das Gedicht *Café* (1921) gewidmet. In diesen Texten geht es um die ‹Damencafés› im Berlin der Zeit, sinistre Orte der Anbahnung von käuflichem Geschlechtsverkehr. Und wie in der ‹klinischen Lyrik› Benns nur noch isolierte Körperteile zur Sprache kommen, bar aller Anmut und Würde, so auch hier: *[…] Grüne Zähne, Pickel im Gesicht / winkt einer Lidrandentzündung. // Fett im Haar / spricht zu offenem Mund mit Rachenmandel / Glaube Liebe Hoffnung um den Hals // Junger Kropf ist Sattelnase gut. / Er bezahlt für sie drei Biere. // Bartflechte kauft Nelken, / Doppelkinn zu erweichen. […]* (III, 18) Das ist nicht nur die altbekannte rhetorische Technik des pars pro toto, der stellvertretenden Nennung eines Teils für das Ganze, vielmehr drückt sich in der

George Grosz:
«Dr. Benn's
Nachtcafé»,
1918

montierenden Reihung verselbständigter, ‹prominenter›, absto-
ßender Körperattribute auch Benns Überzeugung aus, dass die Rede vom ‹ganzen Menschen›, der «Persönlichkeit» als «höchstem
Glück der Erdenkinder» (Goethe), nur Geschwätz ist angesichts
des wirklichen (nächtlichen) Lebens in der Metropole.

Eine ähnliche Technik verwendet der Autor in dem Gedicht
Kasino, das nach dem Erstdruck vom August 1912 in der Zeitschrift «Pan» in Vergessenheit geriet (zum Glück für Benn zu Zeiten der Naziangriffe auf ihn). Es montiert Gesprächsfetzen aus
dem Offizierskasino in der Prenzlauer Garnison, wie der Autor sie
wohl in den Monaten vor der Entstehung des Gedichts gehört
hat[40]: *[…] Eine Kugel muß man sich im Kriege immer noch aufspa-
ren:/Fürn Stabsarzt, wenn er einen verpflastern will./Na Prost, Onkel
Doktor! // Vorläufig bin ich ja noch zu rüstig./Aber wenn ich mich mal
auf Abbruch verheirate:/Brüste muß sie jedenfalls haben,/Daß man
Wanzen drauf knacken kann! – // Kinder! Heut nacht! Ein Blutweib!
Sagt:/Arm kann er sein und dumm kann er sein;/Aber jung und frisch
gebadet.* (SW II, 17 f.) Wer wie Benn die Gelegenheit hatte, so unmittelbar aus der Nähe den ordinären, bornierten, Menschen ver-
achtenden Alltagshabitus deutscher Offiziere schon vor Kriegsbeginn 1914 kennen zu lernen, der würde sich, so ist zu vermuten,
keine Illusionen über einen kommenden Krieg machen; der würde gegen die weit verbreiteten nationalistischen Räusche gefeit
sein. So war es dann auch.

Brüssel im Weltkrieg (1914 – 1917)

Wohl während des gleichen Urlaubs auf Hiddensee im Herbst 1913, der das Ende seiner Beziehung zu Else Lasker-Schüler bedeutete, lernte Benn die Schauspielerin Edith Osterloh, verwitwete Brosin (mit dem Künstlernamen Eva Brandt), kennen. Sie wurde im Sommer 1914 seine Frau. 25 Jahre später, 16 Jahre nach ihrem Tod, spricht er von ihr rückblickend so: *eine ganz charmante elegante Dame von Welt […], viel gereist, mir weit überlegen, 8 Jahre älter als ich, sehr wohlhabend, aus einer Dresdener Patrizierfamilie […].* (OB I, 195) Sie war bereits Mutter eines zweijährigen Jungen namens Andreas, der aus der Liaison mit einem holländischen Sänger stammte. Doch es war zunächst nur eine lockere Beziehung, mit gegenseitigen Besuchen in München und Berlin.

Im März 1914 heuerte Benn auf der «Graf Waldersee», einem Post- und Auswandererschiff der HAPAG, als 2. Schiffsarzt an und fuhr nach New York. Er *impfte das Zwischendeck* gegen Pocken (IV, 7) und behandelte die Migräneanfälle von Passagieren der 1. Klasse. Vor allem aber litt er unter der Seekrankheit und langweilte sich, wie man aus einem autobiographisch getönten Passus im *Roman des Phänotyp* von 1944 erfahren kann: *Wir lagen in den Korbstühlen, die endlich einmal für uns da waren, die widerlichen Passagiere waren ausgeschifft […]. Eine unbekannte Stadt […] dieser Sonntag voller Öde, unser fremder Steamer auf dem Hudson, keine Dollars um Anschluß zu bekommen, menschliche Wärme, Sinnlichkeit […].* (II, 170 f.) Zwar gab es einmal Landgang, und Benn hörte in der Metropolitan Opera *die wahrhaft arielhafte […] Stimme* Enrico Carusos (IV, 136). Aber das war auch alles – kein erhebendes Amerika-Erlebnis Benns, bis an sein Ende nicht. Am 8. Mai war er schon wieder zurück in Hamburg und vertrat im anschließenden Sommer den Chefarzt einer Lungenheilstätte in Bischofsgrün im Fichtelgebirge – auch das eine Mission, die nicht gut ging, wie man aus Passagen der Novelle *Gehirne* ableiten kann.

Ende Juli 1914 wusste Benn bereits, dass er sich als Sanitätsoffizier stellen musste – der Krieg war beschlossene Sache. Nach einem kurzen gemeinsamen Sommer in München und Leoni am Starnberger See heirateten Gottfried Benn und Edith Osterloh am 30. Juli überstürzt in dem kleinen Ort; Trauzeugen waren zwei Dienstmänner. Am 1. August begann der Krieg und offenbar gleich mit diesem Tag die erneute Militärzeit des jungen Arztes. Zunächst wurde er an der Westfront in Feldlazaretten eingesetzt. Danach beteiligte er sich tatkräftig, ja offenbar sogar begeistert, an der Erstürmung Antwerpens und bekam dafür als einer der ersten Sanitätsoffiziere das Eiserne Kreuz.

Benn wurde anschließend dauerhaft im besetzten Belgien stationiert und verbrachte dort *in der Etappe einen guten Tag* (IV, 7). Etappe – das hieß für die meiste Zeit: Brüssel, *die schöne, impulsive, aufgeregte, haßerfüllte Hauptstadt* (IV, 197), wo sich u. a. auch die Autorenkollegen Carl Sternheim und Carl Einstein aufhielten.

Benns erste
Frau Edith,
geb. Osterloh

Schließlich waren es, zwischen Ende 1914 und Frühherbst 1917, mehr als zweieinhalb Jahre seines Lebens, die er in der belgischen Hauptstadt gelebt hatte. Am 8. September 1915 brachte seine Frau, die ihn im Dezember 1914 in Brüssel besucht hatte, in Hellerau bei Dresden eine Tochter zur Welt. Der Vater bestand darauf, dass ihrem Taufnamen Irene Michaele noch ganz offiziell Nele angefügt wurde (Benn hatte in Belgien Charles de Costers «Thyl Ulenspiegel» gelesen, dessen Geliebte Nele heißt), und dies wurde dann auch ihr Rufname.[41] Nele blieb Benns einziges Kind. Sie hatte lebenslang große Bedeutung für ihn, wenngleich er sie nie für längere Zeit sah.

Künstliche Paradiese – «Provoziertes Leben»

Zwischen 1915 und 1917 lebte Benn in Brüssel – ohne Frau und Kind, zumeist allein – ein Leben der ganz besonderen Art. *Ich war Arzt an einem Prostituiertenkrankenhaus*, so schreibt er 1921, *ein ganz isolierter Posten, lebte in einem konfiszierten Haus, elf Zimmer, allein mit meinem Burschen, hatte wenig Dienst, durfte in Zivil gehen, war mit nichts behaftet, hing an keinem, verstand die Sprache kaum; strich durch die Straßen, fremdes Volk; eigentümlicher Frühling, drei Monate ganz ohne Vergleich, was war die Kanonade von der Yser, ohne die kein Tag verging, das Leben schwang in einer Sphäre von Schweigen und Verlorenheit, ich lebte am Rande, wo das Dasein fällt und das Ich beginnt. Ich denke oft an diese Wochen zurück; sie waren das Leben, sie werden nicht wiederkommen, alles andere war Bruch.* (*Epilog*; IV, 7 f.)

Der Autor ist mehrfach auf diese Phase seines Lebens zurückgekommen, und immer wieder mit wehmütiger Emphase, in der etwas von den Ausnahmezuständen, die er damals durchlebte, nachklingt. So heißt es eingangs des Abschnitts *Rönne* im *Lebensweg eines Intellektualisten* von 1934: *In Krieg und Frieden, in der Front und in der Etappe, als Offizier wie als Arzt, zwischen Schiebern und Exzellenzen, vor Gummi- und Gefängniszellen, an Betten und an Särgen, in Triumph und im Verfall verließ mich die Trance nie, daß es diese Wirklichkeit nicht gäbe. Eine Art innerer Konzentration setzte ich in Gang, ein Anregen geheimer Sphären, und das Individuelle versank, und eine Urschicht stieg herauf, berauscht, an Bildern reich und panisch. Periodisch verstärkt, das Jahr 1915/16 in Brüssel war enorm, da entstand «Rön-*

Benn in dem requirierten Haus in Brüssel, 1915/16

ne», *der Arzt, der Flagellant der Einzeldinge, das nackte Vakuum der Sachverhalte, der keine Wirklichkeit ertragen konnte, aber auch keine erfassen [...].* (IV, 30)

Nun hat Benn in dieser Brüsseler Zeit seine *Trance*-Zustände *innerer Konzentration, ein Anregen geheimer Sphären* tatsächlich in spezifischer Weise *in Gang* gesetzt, nämlich mit dem Alkaloid Kokain. Mit Hilfe der *hyperämischen* (so wird er das jetzt immer wieder nennen), also Blutandrang verursachenden Wirkung der Droge ließ sich ein Weg aus der Banalität des Alltags, aus der empirisch-rationalen Wirklichkeit und den engen Grenzen seines Gewohnheits-Ichs heraus in eine ungemein farbige, reiche, ‹erhebende› und berauschende Innenwelt finden, die er in seinem weiteren Leben wieder und wieder berühren, die ihn stimulieren und inspirieren wird. Und es ist sehr wahrscheinlich, dass die neuen imaginativen Räume und die faszinierende neue Sprache, die sich sowohl in der Lyrik wie in der Prosa der Jahre 1915/16 im Unterschied zur *Morgue*-Phase manifestieren, zumindest a u c h der Einnahme dieser Droge zu verdanken sind.

Aus dem Gebrauch *chemischer Stoffe mit Gehirnwirkung, Verwandler des Bewußtseins* (I, 332) – *eine Wirklichkeit rein aus Gehirnrinde* (I, 334) –, erwuchs eine *Steigerung, Ausweitung* des Lebens, die ihresgleichen nicht hatte – *Provoziertes Leben*, wie es ein Aufsatz aus dem Jahre 1943 bereits im Titel annonciert (I, 332 ff.). Benn hatte sich damit Eintritt ins Reich der «künstlichen Paradiese» verschafft, wie sie Morphium, Opium, Haschisch, Kokain oder Meskalin erstehen lassen, und einen Weg beschritten, den vor ihm schon viele Künstler und Intellektuelle gegangen waren, u. a. Thomas de Quincey, die englischen Romantiker, Novalis und Charles Baudelaire, und den auch einige seiner Zeitgenossen wie Georg Trakl, Walter Rheiner, Johannes R. Becher, etwas später auch Ernst Bloch, Walter Benjamin oder Ernst Jünger erprobten.[42]

Sogar von Gott wagt der agnostische Pfarrerssohn angesichts seiner halluzinatorischen Erfahrungen mit Alkaloiden zu reden: *Das ist reines Gelb. Das löst wie Zuckerei. Da kann Gott nicht weit sein. Was heutzutage Gott ist: Tablette oder die Originalstaude mit Pottasche oder Coquero.* (*Der Garten von Arles*; II, 84) Und noch Jahrzehnte nach diesen Experimenten revoziert Benn die damalige Begeisterung durch die von der Droge ausgelösten Ausnahmezustände: *Gott ist eine Substanz, eine Droge! Eine Rauschsubstanz mit verwandtschaftlicher Relation zu den menschlichen Gehirnen.* (I, 335) Ihr Gebrauch markierte in gewisser Weise einen letzten Abschied von der Ordnung im Namen des Vaters – des leiblichen wie des göttlichen –, einer von Nüchternheit, Vernünftigkeit und Askese durchwirkten Ordnung.

Aus diesen Experimenten ist aber auch ein dauerhaft verfügbares Reservoir fulminanter, phantastischer Bild- und Sprachassoziationen und -kombinationen mit spezifischem *Wallungswert* erwachsen. Einige seiner immer wiederkehrenden Stichworte heißen *Blau, das Südwort schlechthin, ligurischer Komplex* und *Hafenkomplex*. Aus ihm konnte der Dichter künftig im Wege der *Selbstentzündung* schöpfen, ohne noch der Droge zu bedürfen (*Epilog*; IV, 13). Das einzelne Wort, und vor allen anderen das Substantiv, wird zur Keimzelle des Sprachkunstwerks.

Nun ist das an sich nichts Neues im Reich der Dichtung, aber bei Benn gewinnt es eine beispiellose Emphase, wird zum andauernden, quasireligiösen Fluchtpunkt seiner Poetik im Angesicht

Gottfried Benn (2. Reihe, 4. v. l.) im Kreis von Kameraden, Brüssel 1916

des Nichts: *Nun nähern sich vielleicht schon Worte, Worte durcheinander, dem Klaren noch nicht bemerkbar, aber die Flimmerhaare tasten es heran. Da wäre vielleicht eine Befreundung für Blau, welch Glück, welch reines Erlebnis! [...] – Worte, Worte – Substantive! Sie brauchen nur ihre Schwingen zu öffnen und Jahrtausende entfallen ihrem Flug. Nehmen Sie Anemonenwald, also zwischen Stämmen feines, kleines Kraut, ja über sie hinaus Narzissenwiesen, aller Kelche Rauch und Qualm, im Ölbaum blüht der Wind und über Marmorstufen steigt, verschlungen in eine Weite die Erfüllung – oder nehmen Sie Olive oder Theogonien: Jahrtausende entfallen ihrem Flug. [...] Schwer erklärbare Macht des Wortes, das löst und fügt. Fremdartige Macht der Stunde, aus der Gebilde drängen unter der formfordernden Gewalt des Nichts.* (*Epilog*; IV, 13 f.) Noch 1950 hat Benn dieses poetologische Credo und seine, in letzter Instanz, eschatologische Dimension bekräftigt: *Also eine Elevation durch das Wort, eine Sakramentation des Worts, ein Heiligungs- und Erlösungsphänomen mit Hilfe des dichterischen Worts – das ist Rönne.*[43]

Man sieht: Am Anfang des Dichtens steht bei Benn kein Thema, erst recht kein soziales oder politisches Schreibmotiv. *Am Anfang war das Wort und es wird am Ende sein,* heißt es auch noch 1950

(AB 205). Und doch ist das nur die halbe Wahrheit. Am Anfang steht auch eine bestimmte psychische Disposition des Begehrens. Es ist das tiefe Unbehagen, ja die Qual, ein *spätes Ich* (III, 55), ein permanent bewusstes Kopfwesen sein zu müssen. *Ein armer Hirnhund, schwer mit Gott behangen./Ich bin der Stirn so satt*, hieß es schon 1913 in dem Gedicht *Untergrundbahn* (III, 31). Daraus resultiert die Sehnsucht, diesem Zustand zu entkommen, sich in einen als glückhaft imaginierten vorbewussten Zustand zu *verströmen* (*Kokain*; III, 52), psychoanalytisch gesprochen: sich ganz dem Primärprozess grenzenloser Lust hinzugeben und damit den unerträglichen Zustand, ein diskontinuierliches, isoliertes Individuum zu sein, hinter sich zu lassen.

Benn hat in diesem Zusammenhang immer wieder Begriffe wie *Kongestion* und *Hyperämie*, also Zustände vermehrter Blutfülle, assoziiert. Mit Recht denkt man dabei nicht nur an die gesteigerte Durchblutung des Gehirns, sondern auch an die vermehrte Blutfülle eines anderen Organs, des Phallus, dessen Schwellung und nachfolgende lustvolle Entladung für einen Mann der Inbegriff eines ekstatisch entgrenzten, glückhaften Zustands ist. Basis von Benns *hyperämischer Metaphysik* (II, 85) ist, so er selbst, *ein phallischer Prozeß mit dem Ziel, Spannungen zu beseitigen und produktive Füllungen zu applanieren* (AB 202; ähnlich I, 82; IV, 46). In diesem Sinne ist seine Kunstdoktrin der rauschhaften *Zusammenhangsdurchstoßung* auch ein Potenztraum, eine Männerphantasie.[44]

«Gehirne» – die Rönne-Novellen

Um sowohl den Qualen als auch den erregenden neuen Erfahrungen seines *späten Ich* ein Gesicht zu geben, erfand sich Benn, nachdem er bereits in seine frühesten Prosatexte ein Alter Ego eingeschmuggelt hatte, zu Beginn des Jahres 1914 die Gestalt des Arztes Dr. Rönne. Erstmals erscheint er in der Szene *Ithaka*. In der ersten der fünf um ihn zentrierten Erzählungen, die, im Sommer 1914 entstanden, den Titel *Gehirne* trägt (wie dann 1916 die ganze Sammlung), wird er als *junger Arzt, der früher viel seziert hatte*, eingeführt – *es waren ungefähr zweitausend Leichen ohne Besinnen durch seine Hände gegangen, und das hatte ihn in einer merkwürdigen und ungeklärten Weise erschöpft* (II, 13). Jetzt soll er den Chefarzt einer Klinik auf dem Lande vertreten – eine Aufgabe, an der er aus nicht recht erklärlichen Gründen scheitert. Sind es die vielen Gehirne, die er in Händen gehalten hat, die ihm zu schaffen machen? Jedenfalls zeigt Rönne jene Züge der *Depersonalisation* und *Entfremdung der Wahrnehmungswelt* (IV, 9), von denen bereits die Rede war und die wohl auch im wirklichen Leben zum Scheitern von Benns Chefarztvertretung in Bischofsgrün in jenem Sommer 1914 geführt hatten.

Entscheidend, und wegweisend für die nächsten Jahre, ist, dass sich dem Arzt-Dichter jenseits der als Zwang und Öde erlebten Tagwelt eine andere, vitale, bunte, phantastische Welt auftut. Sie klingt schon im ersten Absatz an, wenn es von Rönnes Erlebnis der Eisenbahnfahrt heißt: *[…] es geht also durch Weinland, besprach er sich, ziemlich flaches, vorbei an Scharlachfeldern, die rauchen von Mohn. […] an Rosen ist jedes Haus gelehnt, und manches ganz versunken.* (II, 13) Das ist alles andere als eine ‹korrekte› Landschaftsbeschreibung, vielmehr sind die Bezüge zwischen den einzelnen Dingen auf den Kopf gestellt. ‹Richtig› wären scharlachfarbene Mohnfelder und Häuser, an die Rosen gelehnt sind. Rönne erlebt also anders, ‹verrückt› gleichsam, und in dieses andere, euphorische Erleben mündet die Geschichte, jenseits der Normal-Gehirne, auch ein: *Aber nun geben Sie mir bitte den Weg frei, ich schwinge wieder – ich war so müde – auf Flügeln geht dieser Gang – mit meinem blauen Anemonenschwert – in Mittagsturz des Lichts – in Trümmern des Südens – in zerfallendem Gewölk – Zerstäubungen der Stirne – Entschweifungen der Schläfe.* (II, 19)

Die nachfolgenden vier Erzählungen der Sammlung *Gehirne*, betitelt *Die Eroberung*, *Die Reise*, *Der Geburtstag* und *Die Insel*, 1915/16 in Brüssel entstanden, folgen einem vergleichbaren Muster, indem auch sie oszillieren zwischen der aufgezwungenen bürgerlichen Normalität und Aufbrüchen in andere psychische Zustände, *Entschweifungen der Schläfe*. Zumindest teilweise sind sie beeinflusst von Benns neuem Inspirationsmedium, dem Kokain.

Am deutlichsten zeigt das *Die Reise*, wie schon der Titel nahe legt. Der erste Satz der Novelle lautet: *Rönne wollte nach Antwerpen fahren, aber wie ohne Zerrüttung?* Und kurz darauf: *Betrachtung? Aufnahme? Sich ergehen? Das schien ihm ausgeschlossen. Es zielte auf Bereicherung und den Aufbau des Seelischen.* (II, 28) Eben das, die altbekannten Effekte einer kurzen bürgerlichen Bildungsreise von

Brüssel ins schöne alte Antwerpen, will dieser Benn-Rönne nicht mehr; eine solche Reise durchleben und hernach von ihr berichten zu müssen erschiene ihm peinlich, ja nachgerade unerträglich. *War er tollkühn, herauszutreten aus der Form, die ihn trug? Glaubte er an Erweiterung, trotzte er dem Zusammenbruch?* (II, 29) Ja, das tut Rönne tatsächlich, zögernd und mühsam zwar, aber am Ende doch, indem er die satirisch geschilderte Kasino-Sphäre seines Stationierungsortes, mitten im Krieg, und das *Hurenkrankenhaus* (II, 49) hinter sich lässt und sich auf eine Reise der anderen Art begibt, ohne den Ort wechseln zu müssen: einen durch die Droge stimulierten Trip in ungekannte, berückend schöne Räume, obwohl er über die Straßen seiner Stadt nicht hinausgeht.

Benn hat im Jahre 1934 seine Gestalt Rönne so charakterisiert: *[…] der Flagellant der Einzeldinge, das nackte Vakuum der Sachverhalte, der keine Wirklichkeit ertragen konnte, aber auch keine mehr erfassen […], und der, vor das Erlebnis von der tiefen, schrankenlosen mythenalten Fremdheit zwischen den Menschen und der Welt gestellt, unbedingt der Mythe und ihren Bildern glaubte.* (IV, 30) Das ist es, was im Lauf der Erzählung geschieht: Der wissenschaftlich, rational, modern durchgebildete Arzt Rönne, unter diesem Status seines Ichs ermüdet und schwer leidend, wendet sich von der schnöden Wirklichkeit und ihren bildungsbürgerlichen Surrogaten (die Reise nach Antwerpen) ab, er wirft sein schmerzendes *Verlangen nach dieser kontinuierlichen Psychologie* entschlossen von sich und entdeckt auf der Suche nach der *anthropologischen Substanz* dieselbe im *Irrealitätsprinzip* des *Traums*. Gibt es, so fragt Benn 1934 weiter in der Rückschau auf seinen Dr. Rönne von 1915, *noch einen Zusammenschluß, eine Betastung, ein Glück? Ja, antwortet Rönne […], er erblickt die Kunst* (IV, 37) – und Benn lässt ihn gleichsam selbst aus *Die Reise* zitieren: *ein Wurf von Formen, ein Spiel in Fiebern, sinnlos und das Ende um allen Saum* (IV, 37 = II, 36). Die Kunst ist der einzige Sinn des Lebens, wenn von einem solchen überhaupt gesprochen werden kann.

Gottfried Benn hat seine Art, Prosa zu schreiben, später, mit Carl Einstein, *absolute Prosa* genannt (IV, 132 ff.). Man kann auch die Sammlung *Gehirne* bereits unter diese Rubrik stellen. Wo eine *kontinuierliche Psychologie* des sich selbst erzählenden Protagonisten nicht mehr existiert, wo die ‹Reise› nicht mehr in eine äußere Erfahrungswelt geht, sondern sich mäandernd, jenseits des dreidimensionalen Raums und der mit der Uhr gemessenen Zeit, ins Innere des Ichs bewegt, lässt sich eine kontinuierliche Ereignisfolge, eine fassliche Narration nicht mehr herstellen. Statt ihrer rauschen Bilder, fluten Kaskaden von Assoziationen vorüber. Es ist eine Reise im Kopf und nirgends sonst. ‹Novellen› hat Benn seine fünf Erzählungen genannt, also erwartet der Leser nach der Gewohnheit «unerhörte Begebenheiten». Solche bekommt er auch, aber sie ereignen sich nur in der Imagination des Autors – und eines Lesers, der ihm zu folgen bereit ist.

NACH NIETZSCHE: DER DICHTER DES DIONYSISCHEN

Schon die wenigen bisher zitierten Äußerungen Benns zur Ästhetik (mit Leitwörtern wie *Rausch*, *Traum*, *Steigerung des Lebens*, *formfordernde Gewalt des Nichts*) zeigen, dass er ein großes Vorbild hatte: Friedrich Nietzsche, der ja erst im Jahre 1900 gestorben war. Benns Faszination durch den Mann, «der mit dem Hammer» philosophierte (wie er sein spätes Werk «Götzen-Dämmerung» untertitelte), war alles andere als originell. Viele Große der Zeit waren ihm vorangegangen oder taten es ihm gleich: George, Hofmannsthal, die Brüder Mann, Sternheim, Musil, die meisten Expressio-

nisten, auch der frühe Brecht und manche andere. Aber Benns Nietzsche-Nachfolge war so dauerhaft wie obsessiv – und sie war schöpferisch. Ein Blick in das Personenregister der großen «Stuttgarter Ausgabe» seiner Werke belegt, dass er den Namen Nietzsches am häufigsten genannt hat, weit vor allen anderen (mit Ausnahme Goethes). Und Dieter Wellershoffs Begriffsregister in der Ausgabe der «Gesammelten Werke» demonstriert, wie viele

Friedrich Nietzsche. Anonymes zeitgenössisches Porträt

Leitbegriffe Nietzsches Benn übernommen hat – häufig bis zur Ununterscheidbarkeit, was Nietzsche-Zitat, was umstandslose Adaption und was Neuschöpfung ist. Erinnert sei auch an die drei Gedichte (*Sils-Maria*, 1933; *Turin*, 1936; *Turin II*, 1946) und den Radio-Essay *Nietzsche – nach fünfzig Jahren* (1950), die sich explizit mit Person und Werk des Philosophen beschäftigen. In dem späten Vortrag hat Benn Rückschau gehalten: *Eigentlich hat alles, was meine Generation diskutierte, innerlich auseinanderdachte, man kann sagen: erlitt, man kann auch sagen: breittrat – alles das hatte sich bereits bei Nietzsche ausgesprochen und erschöpft, definitive Formulierung gefunden, alles weitere war Exegese.* (I, 482)

Nietzsche war, so bilanzierte Benn, *der weitreichende Gigant der nachgoetheschen Epoche, das Erdbeben der Epoche und seit Luther das größte deutsche Sprachgenie, das größte Ausstrahlungsphänomen der Geistesgeschichte* (I, 482–484) – aber warum, so wird man, mehr als ein Jahrhundert von Nietzsche entfernt, fragen?

Am Anfang steht bei Benn die Erfahrung eines Mangels, nämlich das, was Nietzsche in der «Geburt der Tragödie» von 1872 in Anlehnung an Arthur Schopenhauer als die Last, ja Qual des Principium individuationis beschrieben hat: das jedem Menschen auferlegte Schicksal, ein Einzelleben, abgesondert von menschlicher Gemeinschaft und Natur, führen zu müssen. Der Pfarrerssohn Nietzsche, Agnostiker wie sein Nachfahre Benn, fasst die mit «ungeheurem Grausen», aber auch «wonnevoller Verzückung» verbundene Erfahrung, dieses bedrückende Einzeldasein verlassen zu können – mittels narkotischer Getränke und orgiastischer Praktiken, mittels Tanz, Musik und Spiel –, im Bilde des griechischen Gottes Dionysos und der ihm zu Ehren veranstalteten Kultfeste, zumal im Frühling beim Wiedererwachen der Natur. «Das Dionysische»: Das ist nach Nietzsche ein dem Menschen eingeborener «Trieb», sich Existenzformen des Rausches und der Ekstase zu erschaffen, durch die er seine Leiden als nüchternes Vernunftwesen, sein Wissen um die eigene Sterblichkeit und den «tragischen Urgrund des Seins» wenigstens zeitweise hinter sich lassen kann. Dann, so sagt Nietzsche, feiert «die entfremdete, feindliche oder unterjochte Natur […] wieder ihr Versöhnungsfest mit ihrem verlorenen Sohn, dem Menschen». – Ein zweiter eingeborener Trieb, der des «Apollinischen», ermögliche es dem Menschen, sich einerseits in Träumen, andererseits in den bildnerischen Künsten Formen zu schaffen, die aus den rauschhaften Ausnahmezuständen zurück in die «maassvolle Begrenzung» führen.[45]

Nietzsches Buch behauptet eine Gleichberechtigung der beiden Triebe, aber man kann unschwer entdecken, dass seine ganze Sympathie dem Gott Dionysos und den mit seinem Namen verknüpften Zuständen des Rausches, der Ekstase, der Preisgabe des Principium individuationis gehört. Noch die Spätschrift «Götzen-Dämmerung» nimmt den frühen Gedanken auf, dass Kunst ohne die Stimulation einer dionysischen Verfassung nicht zustande kommen könne: «Der Rausch muss erst die Erregbarkeit der ganzen Maschine [!] gesteigert haben: eher kommt es zu keiner Kunst.»[46]

Die Nähe von Benns Theorie und Praxis von Rauschkunst und *Formrausch* (II, 133) zu Nietzsche ist eklatant, gerade in den zehner und noch den zwanziger Jahren. Und der zentrale Satz Nietzsches ist, auf der gemeinsamen Basis radikaler Glaubenslosigkeit und der strikten Verweigerung von Sinngebung, sei sie religiöser oder politischer Natur, auch der zentrale Satz Benns: «[…] denn nur als a e s t h e t i s c h e s P h ä n o m e n ist das Dasein und die Welt ewig g e r e c h t f e r t i g t.»[47] Damit hat sich aber die alte Metaphysik, die Vorstellung einer möglichen Transzendenz des schnöden irdischen Lebens, nun doch nicht endgültig verabschiedet. Sie hat sich aus imaginierten Sinngebungsräumen, die bisher die Religion besetzt hielt, zurückgezogen – und ein neues, so großartiges wie bodenloses Reich eröffnet, das Nietzsche mit Wörtern wie «Artisten-Metaphysik» und «Artisten-Evangelium» umschrieb – Wörter, die Benn immer wieder affirmativ gebraucht hat. Gab es früher einmal Glaubensfanatiker, so gibt es seit Nietzsche «Fanatiker des A u s d r u c k s»[48], und Benn spricht, ihm nachfolgend, von *Fanatismus des Ausdrucks* (I, 216) und *Fanatismus zur Transzendenz* (IV, 235). *Artistik* und *Ausdruckswelt* sind, im Banne Nietzsches, schon in den Brüsseler Jahren zu Benns Credo geworden, und sie sind es für den Rest seines Lebens geblieben.

Allerdings muss man unterschiedliche Akzentsetzungen wahrnehmen. Der Benn der zehner und zwanziger Jahre, der so extrem unter seinem *späten Ich* – Blaise Pascals *moi haïssable* (III, 55) –, unter seiner *Verhirnung* (II, 334) leidet, sehnt sich umso mehr nach Rausch, Ekstase, Aufhebung seiner Körper- und Ich-Grenzen. Er ist, im Sinne Nietzsches, Dionysiker, und seine spätere Favorisierung des Statisch-Apollinischen ist noch in weiter Entfernung. Das zeigt, neben dem Prosazyklus *Gehirne*, auch die explizite Rauschmittel-Lyrik (*Pappel, Reise, Kokain, O Nacht –:*), und vor allem das Gedicht *Karyatide*, das der Autor besonders schätzte und selbst mit der Erfahrung des *Dionysischen* assoziierte (IV, 45 f.). Es manifestiert einen Zustand plötzlicher höchster Lebensintensität und lässt sich, paradox, als Selbstoffenbarung des Göttlichen ohne Gott lesen – als moderne «Bacchische Epiphanie» (Rudolf Borchardt).[49]

«WIE MISS CAVELL ERSCHOSSEN WURDE». BENN UND DER KRIEG

Nach allem, was man über Benns Tun und Lassen im Ersten Weltkrieg weiß, muss man – von den Herbstwochen 1914 abgesehen, als er an der Eroberung Antwerpens teilnahm – den Eindruck haben, der Gang der Ereignisse habe ihn nicht weiter berührt, ja, er habe in diesen Jahren auf einem anderen Planeten gelebt. Und in gewisser Weise war es auch so. Der junge Autor interessierte sich vor allem für sich selbst. *In der Ferne rauscht ein Gewitter, aber ich geschehe.* (II, 49) Er fühlte sich *gehirnlich heimgekehrt / Aus Höhlen, Himmeln, Dreck und Vieh. / […] Und nächtens nackte ich im Glück: / Es ringt kein Tod, es stinkt kein Staub / Mich, Ich-begriff, zur Welt zurück –* so heißen Zeilen aus dem wohl 1916 entstandenen Gedicht *Synthese* (III, 57). Auch seine Berufstätigkeit am *Hurenkrankenhaus* war zwar kriegsbedingt, aber keine kriegerische. Hatte er überhaupt ein fassbares Verhältnis zu diesem bis dahin mörderischsten aller Kriege?

Ohne Zweifel hatten Pépinière und Sanitätskorps Benn einen soldatischen Habitus anerzogen. Wie entschieden er andererseits den Lebensstil des Offizierskorps ablehnte, zeigt das an Schärfe nicht zu überbietende Gedicht *Kasino*. So ist es einleuchtend, dass von Seiten Benns keine einzige kriegsbegeisterte Zeile aus den Augusttagen von 1914 überliefert ist.

Damit befindet er sich im krassen Gegensatz zu den meisten namhaften Zeitgenossen aus Kunst und Wissenschaft. Der Krieg wurde nicht nur von den besonders ‹deutschen› Autoren der Heimatkunstbewegung lauthals begrüßt, sondern quer durch das Spektrum der großen Namen: Gerhart Hauptmann, Arno Holz, Richard Dehmel, Stefan George, Hugo von Hofmannsthal, Rainer Maria Rilke, Thomas Mann, Robert Musil, der Maler Max Liebermann und der Theaterregisseur Max Reinhardt, auch Alfred Döblin (besonders militant), Arnold Zweig, Benns Freund Klabund, ja, selbst später als strikte Pazifisten bekannte Intellektuelle wie Ernst Toller und Heinrich Vogeler gehörten zu den euphorisch Kriegsbegeisterten; nicht weniger die renommiertesten Wissenschaftler der Zeit, von Max Planck bis Max Weber. Sehr viel kürzer ist die Liste der Kriegsgegner von Anfang an, auf der u. a. Hermann Hesse, Heinrich Mann, Arthur Schnitzler, Karl Kraus und Ricarda Huch zu finden sind.

Allerdings war Benn auch kein erklärter Kriegsgegner. Seine eigentümliche Haltung zum Krieg, eine Mischung aus kühler Distanz und gleichmütiger, pflichtgemäßer Akzeptanz, wird in zwei heimlich miteinander korrespondierenden Zeugnissen fassbar. Das eine ist das Tagebuch von Thea Sternheim. Am 3. Februar 1917 besuchte der junge Autor den Dramatiker Carl Sternheim (der ihn

seinerseits hoch schätzte) und seine Frau auf ihrem damaligen Wohnsitz La Hulpe bei Brüssel. Dass aus der Begegnung mit Thea eine (schwierige) Freundschaft fürs Leben wird, wissen zu dem Zeitpunkt natürlich beide nicht. Thea Sternheim ist beeindruckt und skeptisch zugleich: «Ein blonder, schlanker, typisch preußisch aussehender Mensch in der Art der jungen Bredows und Unruhs. Er macht Verbeugungen beim Herein- und Hin-

Mopsa und Thea Sternheim, 1924. Foto von Franz Pfemfert

ausgehn[,] Verbeugungen[,] reicht man ihm die Hand.» Thea Sternheim beschreibt ihn weiter nach Herkunft, Bildung und literarischen Interessen. Man kommt auf den Krieg zu sprechen: «Unter
Begriffen wie Gottes Zorn, Vaterland, Bereitschaft für den Staat zu
sterben aufgewachsen, fragt er nicht: Wie konnte dieser schreck-
liche Krieg möglich werden, sondern antwortet: Da er einmal da
ist, muss er ausgekämpft werden. Milde ist in keiner Hinsicht am
Platze.»

Diese Haltung zeigt sich, zu Thea Sternheims Irritation, besonders deutlich bei einem Disput über das Schicksal der englischen Kriegsgegnerin Edith Cavell, die sich tatkräftig und für eine
Weile erfolgreich darum bemüht hatte, belgische Kriegsgefange-
ne respektive Verwundete der Kontrolle der Deutschen zu entziehen und wieder dem Kampf gegen die Deutschen zuzuführen. Sie
war, mit anderen, von den Deutschen gefasst, zum Tode verurteilt
und am 15. Oktober 1915 auf einem Schießstand bei Brüssel hin-
gerichtet worden. Der Zufall wollte es, dass dem Militärarzt Benn
sowohl die Aufgabe übertragen worden war, während des Prozesses als Notarzt anwesend zu sein, als auch der Erschießung bei-
zuwohnen und den Tod der Hingerichteten festzustellen. Thea
Sternheim notiert seinen Bericht darüber und kommentiert:
«Benn erzählt diesen Vorfall mit der erschreckenden Sachlichkeit
eines Arztes, der einen Leichnam seziert. Alles andere […], die Fort-
führung und Misshandlung der Chomeurs [an den Aktionen der
Cavell gegen ihren Willen beteiligte Arbeitslose] findet er ebenfalls richtig. Auf meine Erklärung hin, wie wir uns für die Befreiung Hostelets [eines der Verurteilten] bemühten, antwortet er: Ist
es nicht ganz richtig, dass man Leute, die einem schaden wollen,
einsperrt? Jede Verständigung ist aussichtslos», notiert Thea
Sternheim weiter. «Man rennt mit dem Kopf gegen eine Mauer.»[50]

Elf Jahre später, im Februar 1928 in Berlin, sieht sich Benn ver-
anlasst, in einer Situation, in der Engländer und Deutsche den Fall
Cavell neuerlich für Propagandazwecke auszuschlachten versuchen (ein englischer Film machte Furore), sich als Augenzeuge zu
Wort zu melden. Schließlich hatte er und kein anderer *ihren Tod
konstatiert und sie in den Sarg gelegt* (IV, 194). In einer weit verbreiteten Berliner Abendzeitung erscheint sein ausführlicher, ungemein sachlicher Bericht zum Hergang – sowohl des Prozesses, als

auch der Hinrichtung. Aber er hält auch mit seiner Meinung nicht hinter dem Berg. Er erinnert sich Miss Cavells *als einer Handelnden, die für ihre Taten büßte, als der kühnen Tochter eines großen Volkes, das sich mit uns im Krieg befand* (IV, 94). *Hätte sie*, so fragt er, *begnadigt werden sollen?* Und er antwortet: *Aus der Logik des militärischen Systems konnte es nicht geschehen. Man denke diese dreihundert feindlichen Soldaten [die von ihr Befreiten], die nun drüben standen. Nein, sie hatte als Mann gehandelt und wurde von uns als Mann bestraft.* Benns Fazit lautet: *Das große Phänomen des historischen Prozesses, sowohl als Ganzes tief und widersinnig wie im einzelnen tragisch und absurd, könnte es geschaffen werden von einer Menschheit, die mit Begnadigung rechnet? Nein, die Weltgeschichte ist nicht der Boden des Glücks, und die Pfosten des Pantheons sind mit Blut bestrichen derer, die handeln und dann leiden, wie das Gesetz des Lebens es befiehlt.* (IV, 200 f.)

Im Kern wiederholt der Autor, was er schon 1917 gesprächsweise gegenüber Thea Sternheim geäußert hatte. Aber er überwölbt es jetzt, 1928, mit einer Geschichtsphilosophie, die stoischen Gleichmut, Kälte und Pathos miteinander verschmilzt. Der militante Geist von Sparta («wie das Gesetz es befahl») ist nahe.[51] Zu Beginn des NS-Regimes wird es in dem Essay *Dorische Welt* heißen: *[...] das Leben ist tragisch und doch durch Maße gestillt.* (I, 278) 1915 hatte Benn sein Alter Ego Oberarzt Dr. Olf in der satirischen Szene *Etappe* noch sagen lassen: *Haben Sie sie gesehen, die blutgrauen Leichenschädel und die zersplitterten Visagen? Dazu das ganze Getümmel, die Schreie und der Mord? Ich sage Ihnen, Dunker, sie kriegten kein Schwein mehr gegen die Drahtverhaue, wenn die draußen wüßten, wer hier den Tod verschachert.* (II, 305) Benns Skepsis gegenüber der sinnlosen Vernichtungsmaschinerie des Krieges, wie sie hier oder auch im Prosastück *Diesterweg* in aller Schärfe zum Ausdruck kommt, war offenbar kein ausreichendes Bollwerk gegen den vermeintlich großartigen Anhauch der Geschichte, der ihn ausgangs der Weimarer Republik erfasste.

Berlin II: Hautarzt und Dichter in der Metropole (1917–1935)

KASSENPRAXIS BELLE-ALLIANCE-STRASSE

Mit *Diesterweg*, der erzählten Figur der gleichnamigen Novelle vom Sommer 1917, hatte Benn nach Dr. Olf und Dr. Werff Rönne einen weiteren Doppelgänger seiner selbst geschaffen. Auch *Jef van Pameelen, ein Arzt*, aus *Der Vermessungsdirigent*, einem *Erkenntnistheoretischen Drama* (entstanden 1916), gehört zu diesem Kreis. Gegen Ende dieser Erzählung heißt es: *Diesterweg galt als erkrankt und wurde nach Berlin zurückgeschickt.* (II, 70) Mehr weiß man bis heute nicht über die Merkwürdigkeit, dass der Stabsarzt Dr. Benn schon im Spätsommer 1917, mehr als ein Jahr vor Kriegsende, demobilisiert und nach Berlin zurückgeschickt wurde. Hier arbeitete er zunächst für einige Wochen als Assistenzarzt für Dermatologie an der Charité, bevor er am 10. November dieses Jahres seine Praxis als Facharzt für Haut- und Geschlechtskrankheiten im 1. Stock der Belle-Alliance-Straße 12 (heute Mehringdamm 38) in der Nähe des U-Bahnhofs Hallesches Tor (Bezirk Kreuzberg) eröffnete.

Es hat in Benns Leben keinen Ort gegeben, an dem er länger gewohnt hätte als an diesem, nämlich bis zu seinem von den politischen Verhältnissen erzwungenen Weggang aus Berlin nach Hannover im März 1935. In diesem Sinne bezeichnet «Belle-Alliance-Straße» eine ganze Epoche. 1926, neun Jahre später, nannte er die geliebt-gehasste Praxis-Wohnung sein *Altersheim, Siechenhaus, Greisenasyl* (AB 23). Eine geradezu verklärende Beschreibung findet sich dagegen in *Urgesicht* (1929): *Von diesen Räumen gingen drei auf die Straße, einer in den Hof. In den Hof ergoß sich ein Musikcafé, das belauschte ich oft, entführende Weisen. Manchmal, wenn ich nachts in mein Schlafzimmer trat, ertönte die Musik. Ich öffnete das Fenster, ich löschte das Licht. Ich stand und atmete den Laut. Lange stand ich.* (II, 109)

Freilich gab es für einige Jahre noch die Familienwohnung in der Passauer Straße 20 im Bayerischen Viertel, wo jetzt Benns Frau Edith und die Kinder Nele und Andreas, den Benn adoptiert hatte,

lebten. «Es war wohl nicht oft», schreibt die Tochter Nele Soerensen, geb. Benn, im Rückblick auf diese Zeit, dass der Vater bei der
Familie war.[52] Benn wollte diese merkwürdige Konstellation
durchaus, obschon seine materielle Lage nicht günstig war. Er
brauchte die Unabhängigkeit – für die literarische Produktion,
aber auch, um sich seine erotischen Wünsche nach Gusto erfüllen
zu können. Denn ein Mann für monogame, auf Beständigkeit und
Treue gebaute Beziehungen war Gottfried Benn zeit seines Lebens
nicht, ob er nun verheiratet war oder nicht. Einer seiner Wahl-
sprüche fürs ganze Leben, den er mit einem gewissen machisti-
schen Stolz gern zitierte, lautete: *Gute Regie ist besser als Treue.* (OB
I, 60) Über zwei separate Wohnungen zu verfügen bot die besten
Voraussetzungen für «gute Regie». So hatte Benn seit Ende des
Jahres 1921 neben seiner Ehe ein ernsthaftes, sehr vertrautes Verhältnis mit der zwölf Jahre jüngeren Archivarin und Bibliotheka-
rin Gertrud Zenzes, das ein knappes Jahr später wieder auseinan-
der ging, sich aber als entfernte Freundschaft über die Jahrzehnte
erhielt.

Die wenigen erhaltenen Briefe Benns aus den Jahren um 1920/23 erwecken nicht den Eindruck, dass er im Ganzen hoch gestimmt gewesen sei. Dazu wird die wenig glückliche Ehe beigetragen haben, aber doch sie nicht allein. Züge von Depressivität, einer tiefen, nicht nur körperlichen Müdigkeit zeichnen sich ab und werden für den Rest seines Lebens nicht mehr weichen. Die Arztpraxis ist offenbar alles andere als ein Trost. Ende 1921 klagt er gegenüber Gertrud Zenzes: *Es ist kein Leben dies tägliche Schmieren u. Spritzen u. Quacksalbern u. abends so müde sein, daß man heulen könnte* (AB 15), und einige Monate später: *Ja, ich bin unbeschreiblich müde u. abgelebt wieder mal augenblicklich, darüber ist nichts zu sagen, die Sinnlosigkeit des Daseins in Reinkultur u die Aussichtslosigkeit der privaten Existenz in Konzentration* (AB 19). 1926 schreibt er, wiederum an die (ihm inzwischen ferner stehende) Freundin: *ich bin […] körperlich u. seelisch äußerst apathisch und abgekämpft, von geradezu krankhafter Menschen-, Unterhaltungs- und Eindrucksflucht.* (AB 23) Noch einmal fünf Jahre später, Ende 1931, schreibt er an Gertrud Zenzes, die inzwischen in den USA lebt und verheiratet ist, als ob keine Zeit vergangen wäre: *Ich lebe so für mich dahin. […] Geschäfte schlecht, Stimmung sehr pessimistisch …* (AB 51) Ein melancholischer Habitus hatte sich verfestigt, der auch durch die bescheidenen Freizeitvergnügen – das abendliche Bier in der Eckkneipe an der Yorkstraße, Kinobesuche und erotische Abenteuer – nicht mehr aufzuheben war.

Eine tiefe Verstörung bedeutete, dem brüchigen Charakter von Benns Ehe- und Familienleben zum Trotz, der unerwartete Tod seiner Frau Edith am 19. November 1922 infolge einer Gallenoperation. Sie wurde nur 44 Jahre alt. Der Ehemann traf sie in der Klinik in Jena noch lebend an, und sie starb, als er ihr nahe war. 25 Jahre später hat er der Tochter Nele die Tage um den Tod ihrer Mutter herum liebevoll beschrieben (AB 121 f.). Benn war wohl von vornherein klar, dass er weder geneigt noch imstande sein würde, zwei Kinder im Alter von sieben und zehn Jahren großzuziehen. So blieb Andreas in seinem Internat in Niesky in der Lausitz, wo ihn sein Adoptivvater immerhin gelegentlich besuchte, auch noch Jahre später, als Andreas schwer lungenkrank wurde und 1930 schließlich achtzehnjährig starb. Die kleine Nele kam zunächst nach Sellin zu Onkel Stephan Benn, der inzwischen die

Nachfolge von Vater Benn als Pfarrer angetreten hatte. Aber bereits im April 1923 begann für sie ein ganz anderes Leben – als Dänin. Gottfried Benn hatte auf der Rückfahrt von der Beerdigung seiner Frau in Jena im Zug eine Dame aus Dänemark kennen gelernt, die Opernsängerin Ellen Overgaard, die mit ihrem Ehemann, einem Industriellen, kinderlos in Kopenhagen lebte. Sie schlug Benn vor, ihnen das Kind zu überlassen, und der Vater willigte ein.

Das Kind hatte diesen Schritt, wie die lesenswerten Erinnerungen «Mein Vater Gottfried Benn» (1960) zeigen, wohl nie zu bereuen. Sie hatte liebevolle Adoptiveltern gefunden, die sie vorbildlich förderten, sie behielt ihren berühmten leiblichen Vater, der ihr schrieb, sie gelegentlich beschenkte und in Kopenhagen besuchte – und sie hatte den Vorteil, die Nazizeit und den Zweiten Weltkrieg im zwar besetzten, aber vom Naziwahn freien Dänemark leben zu können. So wurde sie als Erwachsene, Journalistin von Beruf, für ihren Vater zu einer souveränen, auch intellektuell ernst zu nehmenden Partnerin, die ihn immer sehr liebte, aber durchaus nicht alles an ihm akzeptierte. In Ellen Overgaard hatte Benn überdies eine neue Geliebte gefunden, die ihn noch manches

Benns Tochter Nele

Mal in Berlin besuchte. Zwei Gedichte, betitelt *Die Dänin I/II* und schon im neuen Typus der kreuzgereimten Strophe, bestehend aus acht dreihebigen Versen in fallenden Rhythmen, geschrieben, zeugen, wenngleich stark sublimiert, von dieser Affäre.

Freunde gab es nur wenige. Die wichtigsten dieser frühen zwanziger Jahre waren wohl die Schriftstellerkollegen Carl Einstein, Leo L. Matthias (1893–1970) und Egmont Seyerlen, von 1926 bis zu seinem Tod 1928 dann auch der schon erwähnte Kla-

bund. Mit den Genannten hatte Benn sich schon vor 1914 angefreundet. Jetzt kam noch Erich Reiss hinzu, ab 1920 Benns wich-
tigster Verleger.

Einstein, ein Jahr älter als Benn und Sohn eines jüdischen Kan-
tors, hatte sich einen Namen sowohl als anregender Kunsthis-
toriker («Negerplastik», 1915) wie auch als avantgardistischer
Prosaautor («Bebuquin oder die Dilettanten des Wunders», 1912)
gemacht. Im November 1918 war er Vorsitzender des Arbeiter- und
Soldatenrats Brüssels gewesen, nun lebte er wieder in Berlin. In
einem Brief aus dem Jahre 1923 hat er sehr anschaulich dargelegt,
was ihn mit Benn verband – nämlich ein hohes Maß an Verachtung
für den gängigen Literaturbetrieb: «Jeder von uns schreibt blind
drauf los – wenn man mal Zeit hat und man läßt die Sachen liegen.
Ich habe noch nie zwei solche Käuze gesehen; ohne jedes Ausnut-
zen von Ruf und Beziehung. Eigentlich habe ich große Achtung vor
uns beiden und jeder vor dem andern [...].»[53] Ein infamer Gottes-
lästerungsprozeß und die ihn begleitende antisemitische Hetze
ließen Einstein resignieren. 1928 ging er nach Paris und widmete
sich hier seinen weiträumigen kunsthistorischen Studien. Im Juli
1940 nahm er sich am Fuße der Pyrenäen, auf der Flucht vor der Ge-
stapo, das Leben. Die Freundschaft mit Benn hatte er schon 1933
aufgekündigt, als er von dessen Parteinahme für die Nazis erfuhr.

Ein ganz anderer Typ, und für andere Bedürfnisse Benns gemacht, war Egmont Seyerlen (1889–1972), der sich bis zum Kriegsbeginn auch als Schriftsteller versucht hatte. 1919 kam er aus der
Kriegsgefangenschaft in der Türkei nach Berlin zurück, wo er verschiedene obskure Unternehmen führte. Noch 1937, als Seyerlen
ihn in Hannover besuchte, rätselte Benn: *Was er eigentlich tut u.
treibt u. was ihn hierherführt, ist mir nicht klar. Er war ja immer ein großer Scharlatan u. Ganove.*[54] Aber gerade deshalb mochte ihn Benn
und hielt ihm, der in der Nazizeit kräftig mit den Wölfen heulte
und große Geschäfte machte, hartnäckig die Treue. Nach dem
Zweiten Weltkrieg «reproduzierte sich die Beziehung» wohl nur
noch «aus ihrer eigenen Nostalgie».[55]

Zu einem zunehmend wichtigen Förderer, aber auch zu einem
Freund wurde der jüdische Verleger Erich Reiss (1887–1951), der
1922 erstmals *Gesammelte Schriften* des Dichters herausbrachte.
Reiss war ein kultivierter Mann mit besten Verbindungen und Le-

Drei Verleger Benns: Alfred Richard Meyer, 1920er Jahre

Erich Reiss, 1920er Jahre

Max Niedermayer, 1953. Foto von Hans Rama

bensart, großzügig und liberal, wie Benn es schätzte. In späteren Jahren reiste man auch gelegentlich gemeinsam. Der Verleger scheint Benn noch nicht einmal dessen öffentliche Auftritte für die Nazis 1933 grundlegend verübelt zu haben. Jedenfalls blieb die Verbindung lose erhalten, auch wenn Benn nun nicht mehr sein Autor war.

Im November 1938 kam Reiss, der ab 1935 nur noch jüdische Autoren hatte verlegen dürfen, ins KZ. In einem Brief an F. W. Oelze vom 14. November 1938 kommentierte Benn dieses Ereignis – und nicht nur dieses, sondern das ganze Novemberpogrom gleich mit –: *Mich betrafen diese Tage insofern besonders als ein Bekannter den Weg seiner Rasse ging, abgeholt wurde am Donnerstag Nachmittag um 4 ½ u. verschwand, der mir als letzter der vergangenen Epoche nicht nur oberflächlich nahe stand u. den ich auch jetzt noch ab und zu sah. Ein früherer Verleger, 50 Jahre, zart, krank, degeneriert, politisch völlig inaktiv.* (OB I, 204 f.) Benns so lakonische wie euphemistische, kalt anmutende Formulierung, dass Reiss *den Weg seiner Rasse ging*, ist schwer zu bewerten. Immerhin war mittlerweile ein Schreibverbot über ihn verhängt, und er mochte Angst haben. Internationaler Hilfe, u. a. von Selma Lagerlöf, war es zu verdanken, dass Reiss freikam und in die USA emigrieren konnte.

«Nichts, aber darüber Glasur»: Prosa und Lyrik bis 1927

In dem obigen Zitat Carl Einsteins klang schon an, dass Benns poetische Produktion eher sporadisch, in unvorhersehbaren Schüben, aus ihm hervorbrach und dann wieder liegen blieb. Vor allem aber: Sie war in keiner Weise in sein Alltagsleben als *armer Hautarzt, Sohn der Niedrigkeit, Tagelöhner in Geschlechtskrankheiten*[56] integriert, das ihn mehr schlecht als recht ernährte. Das schon ein Jahrzehnt lang geführte *Doppelleben* – hier Arbeitsalltag und häufig eher kümmerliches Privatleben, dort die Ausnahmezustände künstlerischer Produktivität – verfestigte sich, als er nach Berlin zurückgekehrt war, ohne doch zu einem als geglückt erfahrenen Gleichgewicht zu führen. *Und Arbeiten an seinen eigenen Sachen*, schreibt er Ende 1921 an Gertrud Zenzes, *macht in einer Weise müde des Morgens, verdirbt den Appetit, belegt die Zunge, ruiniert den Magen, macht mürrisch u. depressiv, wie es sich einer nicht leisten kann, der von morgens 8 Uhr an höflich u. nichtssagend seine Schmutzfinken von Patienten empfangen muß.* (AB 16)

Benn ist bewusst, woher die von ihm nahestehenden Menschen häufig beklagte Haltung stammt, *so viel Mauern um mich rum* zu errichten und *dem andern kein Verstehen* zu zeigen: *[…] ich bin so hart geworden, um nicht selber zu zerschmelzen u. schließlich auch sehr fremd u. sehr allein. Es mag auch sein, daß ich menschliches Leid nicht mag, da es nicht Leid der Kunst ist, sondern nur Leid des Herzens. Sehe ich menschlichen Gram, denke ich: nebbich; sehe ich Kunst, Erstarrtes*

63

aus Distanz u. Melancholie, aus Trauer und Verworfenheit [...], denke ich: wunderschön. (AB 16 f.)

Dies ist eine schwerwiegende Aussage. Das selbst gewählte *Artistentum* hat sich, so des Autors eigener Befund, gegen das teilnehmende Mitleben in der Alltagswelt durchgesetzt. Dieses muss weiter irgendwie gelebt, gleichsam absolviert werden. Aber es gilt nicht als die eigentliche, die existenzielle Wirklichkeit – das ist die Kunst allein. *Unmöglich, noch in einer Gemeinschaft zu existieren, unmöglich, sich auf sie zu beziehen in Leben und Beruf; zu durchsichtig die Wrackigkeit ihrer antithetischen Struktur, zu verächtlich dieser ewige koitale Kompromiß embonpointaler Antinomien.* (*Epilog*; IV, 10) Das schrieb Benn im Rückblick auf die Zeit um 1914/15, aber er hatte es jetzt, um 1921, noch entschiedener zu seiner Philosophie gemacht. Eine «Verhaltenslehre der Kälte»[57] war geboren, deren Vorbilder in seinem Fall in der französischen Frühmoderne und anderen Spielarten des Ästhetizismus zu finden sind. Gottfried Benn realisierte sie als Trennungskünstler par excellence, als Strategie strikten *Doppellebens* mit besonderer Schärfe und Konsequenz, am deutlichsten wohl in der Brüsseler Etappe und hernach in den frühen Berliner zwanziger Jahren. Zumindest bis etwa 1927 und erneut ab 1934 ist er der Prototyp dessen, was Helmut Lethen für die Zeit der Weimarer Republik als Habitus der «kalten persona» (in Anlehnung an den Jesuitenpater Balthasar Gracián) profiliert hat.

Man muss sich vergegenwärtigen, welche geschichtlichen Umbrüche sich in den Jahren 1917 – 23 ereignen: die bolschewistische Revolution in Russland; das Ende des elenden, opferreichen Weltkriegs; die Novemberrevolution im Deutschen Reich, damit der Zusammenbruch des Kaiserreichs und die Ausrufung der ungeliebten Republik; die Pariser Vorort-Friedensverträge, die den Deutschen gewaltige Opfer an Territorien, Sachwerten und Reparationszahlungen abverlangen; im Januar 1919 der Spartakusaufstand in Berlin und seine blutige Niederschlagung; Hunger, Not, Depression über mehrere Jahre, kulminierend in der galoppierenden Inflation 1922/23; dazwischen militärische Aktionen von links – die Räterepubliken in München und Bremen, Aufstände in Mitteldeutschland, an der Ruhr und in Hamburg – und von rechts: der Kapp-Putsch 1920, andere brutale Aktivitäten der Freikorps, deren Mitgliederzahl zeitweise in die Hunderttausende ging, schließlich Hitlers Marsch auf die Feldherrnhalle am 9. November 1923. Das waren Ereignisse, die keinen kalt lassen konnten. Und natürlich ließen sie auch Benn nicht völlig kalt.

Es gibt sogar einen glaubwürdigen Bericht darüber, dass der Arzt-Dichter während des Kapp-Putschs im März 1920 verwundete Arbeiter behandelt habe, wo sich andere Kollegen drückten.[58] Auch ist seine Mitleidsfähigkeit und Hilfsbereitschaft als Arzt vielfach bezeugt. Immer wieder behandelte er bedürftige Patienten wie Prostituierte oder Arbeitslose, die ihn nicht bezahlen konnten, für wenig oder gar kein Honorar. Doch entscheidend ist, dass ihn das meiste aus dieser Welt nicht wirklich berührte; dass ihn alles, was die Etiketten ‹sozial›, ‹politisch›, ‹ökonomisch› trug, zutiefst langweilte, wo nicht anekelte. Er panzerte sich, indem er eine aus Stolz, Verachtung, Kälte und, ja, auch das: Wahrhaftigkeit gezeugte Außenseiterhaltung annahm (Klaus Mann wird später von seiner «geradezu fanatischen Reinheit» sprechen[59]). Das schloss ihn von allem Einfluss in politischen Dingen definitiv aus, aber er war damit auch gegen Vereinnahmung und Korrumpierung jeglicher Art gefeit – solange er in dieser Haltung verharrte.

Es ist der Essay *Das moderne Ich* von 1920 – kostümiert als Rede an Studenten der Naturwissenschaften –, in dem Benn seine antirationalistische, zivilisationskritische Geschichtsphilosophie, in vielem Oswald Spengler, Ludwig Klages oder Theodor Lessing nahe, explizit zum Ausdruck bringt. In ihm sagt er nicht nur der positivistischen Weltanschauung der zeitgenössischen Natur- wie Geisteswissenschaften radikal ab, sondern schleudert auch der bürgerlichen Welt seine ganze Verachtung entgegen. *Der Mitmensch, der Mittelmensch, das kleine Format, das Stehaufmännchen des Behagens, [...] das Geschmeiß* (I, 17) – ihm gilt sein Hass. *Die Umstellung zum sozialen Ich im neunzehnten Jahrhundert*, das *moderne Ich*, das am Ende einer noch nicht geschriebenen *Biographie des Ich* steht: das ist für Benn der endgültige, zu betrauernde Verlust *der großen Nacht, des Rausches und der entwichenen Formen*, kurz: des *Dionysos* (I, 16, 18, 20 f.). Es ist der traurige Rest, *Echo und Rauchfang seiner selbst, Bewußtsein bis in alle Falten, [...] ohne Glauben und ohne Lehre, ohne Wissenschaft und ohne Mythe, nur Bewußtsein ewig sinnlos, ewig qualbestürmt* (I, 19 f.).

Mit diesem Essay kommunizieren eng der Prosatext *Das letzte*

Ich und das Gedicht *Das späte Ich* aus dem gleichen Zeitraum, beide Beschwörungen verlorener mythischer Zustände *mystischer Partizipation* (I, 80 und öfter) und Abwehrgesten gegenüber dem verlorenen Gegenwarts-Ich – *kausalgenetisch, haïssable* (III, 56). Den vorläufigen Abschluss dieser Thematik markiert der Prosatext *Alexanderzüge mittels Wallungen* (um die Jahreswende 1923/24 entstanden), der ein letztes Mal Rönne auftreten lässt, aber unverhüllt mit Zügen seines Autors: *Kleiner Mann, mittelständig, ohne viel Anhang und von geringer Wirkung.* (II, 105 f.) Benn wird erst fünf Jahre später wieder einen erzählenden Prosatext schreiben.

Als aussichtsreicher erweisen sich in diesen Jahren *neue Versuche des lyrischen Ich* (IV, 11). Zunächst begegnen noch Motive aus den frühen zehner Jahren (Titel wie *Café, Curettage, Puff, Tripper, Verlauste Schieber* zeigen das an), aber Benn musste sich eingestehen, dass Lyrik über diese Themen zu schreiben ihn in eine Sackgasse geführt hatte, wenngleich die skandalösen Tatbestände im Chaos der Nachkriegsgesellschaft aktueller denn je waren. Stattdessen setzte Benn bei der bereits berührten Faszinationskraft des Einzelworts an. Er aktivierte seine *Flimmerhaare [...], nicht nur am Gehirn, sondern über den Organismus total*, um sich an Wörter mit erhöhtem *Wallungswert* heranzutasten und sie seinem Gedicht einzuverleiben (IV, 12 f.). So sah er *ein neues ICH* entstehen, *das die Götter erlebt: substantivisch suggestiv. [...] Ein Ich, mythen-monoman, religiös faszinär [...].* (IV, 11)

Ein bemerkenswertes Programm, das der Autor auch tatsächlich umsetzte: Mitten im Chaos von Bürgerkrieg, Parteienhader, Fememord und Inflation griff der Dichter, Agnostiker von Graden, weit hinter dieses ihm verächtliche Tagesgeschehen auf die ältesten Bestände der Menschheit in Vorgeschichte und exotischen Kulturen, in Mythos und Religion zurück. Das kann wunderschön und in der Tat *substantivisch suggestiv* klingen, wie z. B. in *Palau*, das zuerst den Titel *Rot* (1922) trug:

> «*Rot ist der Abend auf der Insel von Palau*
> *und die Schatten sinken* –»,
> *singe, auch aus den Kelchen der Frau*
> *läßt es sich trinken,*
> *Totenvögel schreien,*

und die Totenuhren
pochen, bald wird es sein
Nacht und Lemuren.

Heiße Riffe. Aus Eukalypten geht
Tropik und Palmung,
was sich noch hält und steht
will auch Zermalmung
bis in das Gliederlos,
bis in die Leere,
tief in den Schöpfungsschoß
dämmernder Meere.
[…]   (III, 62)

Hier (und in den weiteren vier Strophen) artikuliert sich offenkundig die Sehnsucht nach einer Insel der Glückseligen (das wirk-
liche Palau ist eine Inselgruppe östlich der Philippinen). Aber es
ist nicht die Vision einer paradiesischen Zukunft, sondern es sind
Bilder des Regresses in eine archaische Vergangenheit, die mit Tod
und Zerfall assoziiert ist. Der Leser gerät in ihren Sog nicht nur
durch die faszinierend montierten fremdartigen Einzelwörter, es
ist ihr Zusammenklang, es sind Rhythmus und Reim, die ihn suggestiv einspinnen. Über vier-, fünf-, sechs- und siebenzeilige Strophen nähert sich Benn um 1920 der achtzeiligen Reimstrophe an,
mit wechselnder Hebungszahl, aber fast immer in Kreuzreimen,
in fallenden Rhythmen und mit abwechselnd männlichen und
weiblichen Kadenzen. Dieser Strophentypus ist vorherrschend bis
1930, begegnet aber auch noch danach, wenngleich die achtzeilige
Langstrophe sich nach 1933 gleichsam in zwei Vierzeiler auflöst.
   Frappierend ist die Nähe vieler dieser Gedichte zu einem Typus des evangelischen Kirchenliedes mit gleicher Zeilenzahl und
ebensolchen Reim- und Kadenzverhältnissen, zu bekannten Cho-
rälen wie «Ehre sei dir Christe, / der du littest Not», «Nun danket
alle Gott / Mit Herzen, Mund und Händen» oder «O Haupt voll
Blut und Wunden».[60] Auch Strophen aus Friedrich von Spees
«Trutznachtigall» oder Volkslieder wie «Mit Lieb bin ich umfan-
gen» könnten Pate gestanden haben. Aber was Benn in diese Form
füllt, ist unendlich weit von dem entfernt, was früher einmal, also

im 16. und 17. Jahrhundert, Gegenstand dieser überwiegend geistlichen Lyrik war.

Neben den bereits genannten, durchaus eklektisch durchmischten mythologischen Beständen und Exotismen – *Meer- und Wandersagen, Theogonien, Aus Fernen, aus Reichen, Mediterran, Orphische Zellen, Osterinsel, Ostafrika* (so einige sprechende Gedichttitel) – sind es weiterhin die skurrilen, ja ekelhaften Abfallprodukte des verkommenen Lebens in der kalten Metropole, die in die Gedichte Eingang finden: *Fraß, Suff, Gifte und Gase* (III, 82). So oszilliert die Lyrik dieses Jahrzehnts zwischen den mittels *Selbstentzündung,* inzwischen ohne Rauschmittelgebrauch initiierten Ekstasen im *Eigenraum* (III, 119) der suggestiven Wortschöpfungen und -montagen (wie in dem Zyklus *Betäubung* von 1925) und den (kaum weniger schön klingenden) Tiraden auf die verachtete, wo nicht gehasste gegenwärtige Zivilisation, beispielhaft in Gedichten wie *Chaos* oder *Stadtarzt.*

Es ist vor allem das Gedicht *Staatsbibliothek* (1925), das Benns poetologisches Verfahren dieser Periode sinnfällig macht: Dem ungeliebten Beruf abgetrotzte Lektürestunden in der Preußischen Staatsbibliothek, die u. a. als *Resultatverlies, / Satzbordell, [...] Fieberparadies* apostrophiert wird, setzen die Wortschöpfungslust in Gang: Rausch und Ekstase gegen die *Zweckgewalten* aus nichts als dem Klang der *e i n e n* suggestiven *Silbe*, dem *traumbeladenen Wort* (III, 89).[61] Gesellschaftliche Vorgänge, öffentliches Leben: das kann auch Material sein, ja, aber aus tiefer innerer Entfernung. Der Autor ist und bleibt Nihilist, und als Meisterschüler Nietzsches hält er ungebrochen am «Artisten-Evangelium» fest: *Nichts, aber darüber Glasur.* (IV, 42)

EIN AUTOR WIRD ÖFFENTLICH (1928 – 1932)

Die Lebens- und Schaffensphasen eines Autors sind nicht ohne weiteres identisch mit den großen politischen Zäsuren. Das zeigt der Fall Benn beispielhaft. Mitten in der Weimarer Republik, um 1928, beginnt eine neue Etappe, die gegenüber seinem bisherigen Dichterleben einen tiefen Einschnitt markiert und schwerwiegende Folgen zeitigt, die anfangs nicht absehbar waren: Gottfried Benn erlebt gleichsam eine zweite Geburt als Autor, indem er in einer neuen Weise gesellschaftlich sichtbar, öffentlich wird.

Diese Zäsur ist in dreifacher Hinsicht zu fassen: (1) in einem Wechsel der literarischen Gattungen, (2), damit verbunden, in einem Medienwechsel, (3) in einem veränderten Verhältnis zu den literarischen Institutionen, d. h. in einer zunehmend positiven Einstellung zur repräsentativen Funktion des Künstlers. Benn gibt schrittweise seine ‹unsplendid isolation›, den Status des Außenseiters im ungeliebten System von Weimar und unter seinen gründlich verachteten *Kulturträgern* (IV, 50 f.) auf und wird selbst ein solcher. Vergegenwärtigt man sich Benns bisherige Haltung und erinnert sich einer späten Äußerung: *Die Öffentlichkeit ist der Gestank einer Senkgrube und die Politik das Gebiet von Reduzierten* (AB 198; an Thilo Koch am 12. Oktober 1950), dann ist das eine atemberaubende Wendung.

Die persönlichen Verhältnisse des Autors erfahren in diesen Jahren keine einschneidende Veränderung. Die Tochter Nele ist in Kopenhagen gut aufgehoben, wie er von seinen Besuchen bei der Familie Overgaard weiß. Er selbst bleibt Junggeselle – mit erotischen Beziehungen, die kürzer oder länger dauern können. Die drei wichtigsten Partnerinnen dieser Jahre sind Schauspielerinnen: Lili Breda, Elinor Büller-Klinkowström und Tilly Wedekind.

Mit Lili Breda (geb. 1887) war Benn, mit Unterbrechungen, von 1926 bis zu ihrem Selbstmord am 1. Februar 1929 verbunden. Glücklich war diese Beziehung nur für kurze Phasen. Die Geliebte war ständig auf der Suche nach Engagements, spielte auf Bühnen in abgelegenen Städten und hatte überdies Geldsorgen. Und Benn war kein Mann, auf den sie jederzeit bauen konnte. Er registrierte am 1. Mai 1928 einmal mehr: *Ich bin dahintergekommen, daß ich nur allein glücklich sein kann, allein u. in mich verbissen u. mit gelegentlichen Vorstößen in das Gesellige u. Generelle.* (AB 26) Am 1. Februar 1929 wusste Lili Breda keinen Ausweg mehr aus ihrer verzweifelten Situation und stürzte sich aus einem Fenster im 5. Stock einer Berliner Wohnung. Kurz zuvor hatte sie Benn angerufen und ihm ihren Entschluss mitgeteilt. *Ich jagte im Auto hin,* schrieb der Autor an Gertrud Zenzes, *aber sie lag schon zerschmettert unten u. die Feuerwehr hob den gebrochenen Körper auf. Am 7. II habe ich sie hier feierlich beigesetzt. Alle meine wenigen Bekannten haben mich begleitet. Ich habe sie wie meine Frau beerdigt, auch in der B. Z. es mit meinem Namen an-*

Lili Breda, um 1914   Elinor Büller

gezeigt. (AB 32) Benn und seine ‹Kälte› für diesen Selbstmord verantwortlich zu machen, wie oft geschehen, ist fragwürdig, auch
wenn der Autor selbst erwogen hat, *daß hier jemand für mich gestorben ist oder wenigstens an mir oder jedenfalls aus innerer und äußerer
Armut und Verlassenheit* (AB 29).

Wie auch immer, das Leben ging weiter, und die Legende will
es, dass die Beziehung zu Lili Bredas Kollegin und Freundin Elinor
Büller (1886–1944) beim Heimweg von der Beerdigung begonnen
habe.[62] Diese Verbindung sollte immerhin acht Jahre dauern, die
meiste Zeit davon parallel zu Benns zweiter Liebesbeziehung der
Jahre 1930 bis 1937: zu Tilly Wedekind (1886–1970), der Witwe
Frank Wedekinds, deren Tochter Pamela gerade Carl Sternheim
geheiratet hatte. Sternheim (für ihn war es die dritte Ehe) war seit
längerem ernstlich krank und Benn in Berlin der Arzt seines Ver-
trauens.

Die merkwürdig komplizierten, zirkulären, die Generationen-
folge verwirrenden Beziehungen der Familien Wedekind und
Sternheim, mit Gottfried Benn dazwischen, wurden komplettiert
durch seine Wiederbegegnung mit Thea Sternheim (1883–1971),

Tilly Wedekind, um 1932

die er aus La Hulpe in der Zeit des Ersten Weltkriegs kannte und die seit 1926, geschieden von Carl Sternheim, wieder in Berlin lebte. Es war eine tiefe, von gegenseitiger Anziehung und Hochachtung getragene Freundschaft, wohl zum Glück für beide frei von erotischen Verwicklungen. Die freilich gab es in nächster Nähe dann doch, insofern zwischen der Tochter von Thea und Carl Sternheim, Dorothea, genannt Mopsa (1905 – 54), und Benn eine heftige Liebesaffäre entbrannte, die er in geübter Weise alsbald abhakte, während Mopsa lange litt. Vielleicht war es auch diese Erfahrung, die sie – bei aller bleibenden Bewunderung des Dichters – zu einer besonders scharfsichtigen Kritikerin seines *Doppellebens* (und seiner so betitelten Autobiographie von 1950) machte.

Die skizzierten Beziehungen Benns zu Frauen in diesen Jahren können so gedeutet werden, dass der Autor völlig unfähig gewesen wäre, tiefere Bindungen einzugehen. Aber auch hier ist Vorsicht geboten. Es gilt beides: Benn war alles andere als monogam, und in der Handhabung der *guten Regie* anstelle von *Treue* so virtuos, dass, mitten in Berlin, beide Geliebten zwischen 1930 und 1937 von der Existenz der jeweils anderen nichts wussten. Vielleicht schreckte er vor der dauerhaften Bindung an eine wirklich geliebte Frau aus Angst vor dem möglichen Verlust zurück – eingedenk (oder auch nicht) des Verlusts der so sehr geliebten Mutter im Jahre 1912. Andererseits hat Benn diese beiden Beziehungen (die eine, Elinor Büller, nannte er seine *himmlische*, die andere, Tilly Wedekind, seine *irdische* Liebe; OB I, 60) jede für sich sehr ernst genommen. Kurz, Gottfried Benn war, wie so viele Männer, ein Spalter vor dem Herrn, und die Metapher vom *Doppelleben* trifft nicht nur seine Trennung von Alltags- und Künstlerexistenz (die er dann zeitweise nicht durchhielt), sondern auch die strikte Separierung und isolierte ‹Verwaltung› von Anteilen seines Privatlebens.

Dazu stimmt, dass Benn lebenslang, und so auch in dieser Phase, kaum je das hatte, was man einen ‹Freundeskreis› nennt. Er hatte einzelne befreundete Künstlerkollegen – Oskar Loerke, Paul Hindemith und seine Frau Gertrud, die Sängerin Alice Schuster, der junge Theatermann Carl Werckshagen und andere kamen, neben den bereits Genannten, in diesen Jahren dazu – und auch wenige andere Freunde wie das Ehepaar Ewald und Sophia Wasmuth oder den Kunsthändler Franz M. Zatzenstein, mit dem er, von ihm eingeladen, per Auto nach Frankreich und Nordspanien reiste. Aber fast jede dieser eher entfernten Freundschaften war eine für sich, abgesondert von den anderen.

Eine weitere folgenreiche Beziehung entwickelte sich in diesen Jahren zu dem Leiter der «Berliner Funkstunde» im Rundfunk, Edlef Köppen (selbst ein bemerkenswerter Autor der Neuen Sachlichkeit) – und damit zu dem neuesten und, neben dem Film, wichtigsten Massenmedium der Zeit. Eine neue Qualität von Öffentlichkeit hatte Benn bereits im Jahre 1927 erreicht, als seine *Gesammelten Gedichte* erschienen – keine «Lyrischen Flugblätter» und keine kleine Broschüre für Insider wie seine bisherigen Veröffentlichungen, sondern ein ordentliches Buch, wie auch die *Gesammelte Prosa*, die ein Jahr später herauskam.

Offenbar hat dieser sich abzeichnende neue Autorstatus ihn dazu bewegt, seinerseits diese bisher verachtete Öffentlichkeit stärker zu suchen und in Genres zu arbeiten, die dem entsprachen. Benn vollzieht einen deutlichen Gattungswechsel: weg von der Lyrik (in fünf Jahren entstehen nur neun Gedichte!) – hin zum Essay, zur öffentlichen Rede, zu Texten für Zeitungen und Zeitschriften, zum Oratoriumstext (*Das Unaufhörliche*, 1931, vertont von Hindemith) und zum Opernlibretto. Sogar über eine Revue denkt er nach (vgl. SW II/2, 403). Jetzt schreibt er nicht mehr für kleine avantgardistische oder linksradikale Blätter wie bis Anfang der zwanziger Jahre – nein, er kann in renommierten Organen wie der «Literarischen Welt» oder, durch Loerke vermittelt, der «Neuen Rundschau» veröffentlichen. Vor allem öffnet sich ihm, wie erwähnt, der Rundfunk, der die meisten seiner Vorträge sendet. Das erweist sich nicht zuletzt als finanziell lohnend. Kurz, um es in der anschaulichen Begrifflichkeit des Soziologen Pierre Bourdieu zu sagen: Gottfried Benn hat erst jetzt das literarische Feld wirklich betreten, und er häuft binnen kurzem so viel symbolisches Kapital an, dass er von den Mitspielern auf dem Feld entsprechend wahrgenommen und überwiegend auch anerkannt wird.

Schon im Januar 1928 wird er in den PEN-Club aufgenommen (*Dolle Sache!*, kommentierte er brieflich[63]). Im März 1931 darf er, eingeladen vom «Schutzverband Deutscher Schriftsteller», die Festrede zu Heinrich Manns 60. Geburtstag halten, und am 29. Januar 1932 wird er, auf Vorschlag des Sektionspräsidenten Heinrich Mann, in die Preußische Akademie der Künste, Sektion Dichtkunst, gewählt. Damit steht er, von außen gesehen, auf einer Höhe mit Berühmtheiten wie Alfred Mombert, Theodor Däubler, den Brüdern Mann (Thomas hatte 1929 den Nobelpreis für Literatur erhalten), mit Arno Holz, Alfred Döblin und Ricarda Huch (sie hatte als Einzige gegen die Zuwahl Benns in die Akademie gestimmt). Und hatte er in all den Jahren über die Roman-Vielschreiber gelästert und noch 1927 die Akademie als ganze geschmäht (*die Masse der Schieber, die flüssigen Epiker, die Rülpser des Anekdotenschleims*; I, 45), so war er jetzt doch außerordentlich gerührt und voller Stolz. Endlich war *die Aufnahme bei der Gruppe, beim Volk, bei der Zeit* erreicht, die er zwei Jahre zuvor im Essay *Das Genieproblem* als unabdingbar für die *Geniewerdung* (I, 116) postuliert hatte. Noch 1950, in *Doppelleben*, erinnerte er sich ohne Vorbehalt positiv an dieses Ereignis: *Die Wahl war damals eine außerordentliche Ehre, die größte, die einem deutschen Schriftsteller innerhalb des deutschen Sprachraums zuteil werden konnte.* (IV, 86)

So ist die eine, die dominante Tendenz in Benns Leben zwischen 1928 und 1933 mit den Stichworten Integration, Erfolg, Anerkennung, ja Ruhm zu kennzeichnen. Es kommt, so lässt sich mit der Hauptthese von Jürgen Schröders klugem Benn-Buch mit dem Untertitel «Poesie und Sozialisation» sagen, zur «Resozialisierung des Außenseiters»[64], der dieser Autor bislang war, von seiner sozialen Herkunft, seiner militärärztlichen Ausbildung und dem selbst gewählten Weg in die Isolation des Künstlers her.[65]

Sicherlich wurde dieser Weg auch dadurch motiviert, dass Benn als Facharzt für Haut- und Geschlechtskrankheiten nur ein

Dr. Benn
in seinem
Sprechzim-
mer. Berlin,
um 1928

bescheidenes Leben führen konnte, und das bereitete auf die Dauer kein Vergnügen. 1926 hielt er in dem kleinen autobiographischen Text *Summa summarum* sarkastische Rückschau auf sein Leben als Arzt und Dichter. Er stellte fest, dass er schon als Arzt, aber weit mehr noch als Dichter nur höchst dürftige Einkünfte erzielte. Einerseits drohten *die Geschlechtskrankheiten vom Erdboden zu verschwinden* (in der Tat verdiente der Venerologe Benn in Zeiten der Prosperität, die seit 1924 die Weimarer Republik erreicht hatten, noch entschieden schlechter als in Zeiten von Chaos und Krise), andererseits war auch Lyrik nicht gefragt, und *so steht einer der*

Größten dieser Zeit [Philippe Soupault hatte Benn zu den fünf größten Ly-
rikern Europas gezählt] mit vier Mark fünfzig im Monat entschieden un-
günstig da (IV, 15–17). Diese Summe hatte der Autor aus seinen
Gesamteinkünften der vergangenen fünfzehn Jahre für Lyrik er-
rechnet.

Ein 1927 von Benn unternommener Versuch, als kommuna-
ler Arzt von der Stadt Berlin in ein festes Arbeitsverhältnis übernommen zu werden – *ein Schritt, meinem Untergang entgegenzuar-*
beiten (I, 41) – scheiterte, was ihn tief kränkte. Ein ganzer Essay,
Kunst und Staat von 1927, ist von dieser Erfahrung motiviert und
gerät dem Autor zu einer aggressiven Kritik am Staat als ver-
meintlichem Kulturträger: *Hohenzollern oder Republik, das ist Jacke*
wie Hose [...] – der Staat hat nie etwas für die Kunst getan. (I, 44) Ebenso sind einige essayistische Texte dieser Jahre voll ätzender Kritik
am kapitalistischen Wirtschaftssystem, das von der Benn verächtlichen Weimarer Demokratie gepäppelt wird und als dessen Leid-
tragender sich auch der Autor selbst versteht. Es gibt ganze Passagen (wie den Eingang zu *Saison* von 1930), die man ohne weiteres
einem dezidiert linken Autor dieser Epoche zuschreiben würde –
läse man dann nicht: *Die Clique, die klatscht, ist das gleiche Kaliber*
wie die Clique, die pfeift, die einen sind von rechts dumm, die andern sind
von links dumm. (II, 121) Und in *Urgesicht* (1928) heißt es über den
Sozialismus: *geregelte Nahrungszufuhr, körperliche Unsterblichkeit,*
gesundheitliches Überdauern –: Hesperidentraum der Innungskranken-
kasse (II, 114).

Auch Benns Replik auf Johannes R. Bechers Bekenntnis zur
Dichtung als Waffe im Klassenkampf in einem Rundfunkdisput
am 6. März 1930 bestätigt seine strikte Verachtung dieser Position:
Die Unteren wollen hoch und die Oberen wollen nicht herunter, schauri-
ge Welt, kapitalistische Welt. Aber nach dreitausend Jahren Geschichte
darf man sich wohl dem Gedanken nähern, daß das alles weder gut noch
böse ist, sondern rein phänomenal. (SW VII/1, 220)

Andererseits: Noch im Winter 1931/32 arbeitete Benn an
einem Opernlibretto für Paul Hindemith – die Aufführung des
gemeinsamen Oratoriums *Das Unaufhörliche* in der Berliner Phil-
harmonie unter Otto Klemperer im November 1931 war ein be-
achtlicher Erfolg gewesen –, das einen eindeutig sozialkritischen,
‹linken› Ansatz hatte. Unter dem Arbeitstitel *Die weiße Rasse* woll-

75

Paul Hindemith und Gottfried Benn, 1932

te Benn die Schicksale eines Mannes, wieder einmal Rönne genannt (aber diesmal kein Arzt), verfolgen, der unter den Verhältnissen in der Weltwirtschaftskrise zerbricht. Eine der *Hauptideen*
war, *dass alles, was schwach, ohne Kenntnisse, kapitalschwach ist, dem
Untergang geweiht ist, in einer Welt, in der nur die Macht herrscht, alle
Gesetze nur für die Macht gelten u aus ihr bestimmt sind* (SW VII/2,
390[66]). Und leitmotivartig wird immer wieder die Frage gestellt:
darf man denn einen Menschen so zermalmen? (SW VII/2, 34 und passim). Klang das nicht mehr nach Brecht als nach Benn?

Und doch, mit Sozialdemokraten und erst recht mit Kommunisten hatte Benn, bei allem entschiedenen Antikapitalismus,
nichts im Sinn. Freilich trieb ihn die militante Linke in diesen Jahren regelrecht dazu, seine Abwehrhaltung gegen alle ideologi-
schen Ansprüche aus dieser Richtung zu befestigen. Das geschah
an zwei markanten Punkten, und es waren nicht zuletzt diese beiden Hetzjagden, die Benn von ihm befreundeten Intellektuellen,
die im weitesten Sinne zur Linken gehörten, weg und in die Arme
der Nazis trieben.

Fall eins: Im Juli 1929 hatte Max Herrmann-Neiße in der «Neuen Bücherschau» Benn als «Beispiel des unabhängigen und überlegenen Welt-Dichters» gepriesen, der den «Lieferanten politischer Propagandamaterialien» weit überlegen sei. Und von «Weltabgewandtheit» könne keine Rede sein – «er ist Arzt, Spezialarzt für Haut- und Geschlechtskrankheiten, an einer sehr berlinischen Ecke: Belle-Alliance- und York-Straße. Er weiß Bescheid.»[67] Zwei führende Parteikommunisten unter den Schriftstellern, Johannes R. Becher und Egon Erwin Kisch, fühlten sich getroffen und traten unter Protest aus der Redaktion der Zeitschrift aus, nachdem sie scharf gegen Benn polemisiert hatten. Kisch wetterte gegen «die widerliche Aristokratie, die aus jeder Zeile des Bennschen Prosabuches stinkt», und kam zu dem Fazit: «Gottfried Benn ist ein in seine krankhaften (schizophrenen) Hemmungen eingesponnener Snob, der keine Ahnung von der Welt hat, aber sie behandelt. Dagegen muß man sich wenden.» Becher geißelte den «Literatendünkel», der sich bei Benn «in seinen widerwärtigsten Formen» austobe.[68]

Benn hielt in der Folgenummer der «Neuen Bücherschau» kräftig dagegen, indem er insbesondere Kisch als *Typ des unfundierten Rum- und Mitläufers, des wichtigtuerischen Meinungsäußerers* abkanzelte (IV, 207) und seinen eigenen Status als Autor als durch und durch politikfern dagegensetzte. Damit war ein Graben aufgeworfen, der sich nie wieder schließen sollte. Benn war von den Kommunisten endgültig aus dem linken Lager hinausgeworfen und zum Feind erklärt worden. Und er hatte die Feinderklärung angenommen. Er bekräftigte seine Position hernach mehrfach, am entschiedensten in dem fingierten Rundfunkdialog *Können Dichter die Welt ändern?* vom Mai 1930.

Fall zwei: In seiner bereits erwähnten Festrede auf Heinrich Mann vom März 1931 hatte Benn ausschließlich das artistische Frühwerk des Romanciers gefeiert und den Verfasser radikal zeitkritischer Romane (wie des «Untertan») völlig ignoriert. Daraufhin griff ihn der linke Publizist Werner Hegemann aufs schärfste an und behauptete, er spräche auch im Namen von Bertolt Brecht, Alfred Döblin und Arnold Zweig, wenn er feststelle, Benn sei «immer weiter ins faschistische Lager gerutscht» und seine Kunsttheorie sei «im Geiste Hitlers» empfunden. Ja, so Hegemann weiter, wer eine so «ungesunde und widerrechtliche Ästhetik» abseits «der Menschen predigt», mache sich «vogelfrei».[69] Das waren neue Töne: Nicht nur wurde Benn expressis verbis zum Parteigänger Adolf Hitlers gemacht, er wurde auch quasi zum Abschuss freigegeben – und das war unter den zeitweise bürgerkriegsähnlichen Zuständen um 1930 nahezu wörtlich zu nehmen. Heinrich Mann schrieb Benn daraufhin begütigend und voll des Lobes für seine Rede (machte dieses Schreiben aber leider nicht öffentlich), und Benn setzte sich selbst entschieden zur Wehr (IV, 231–234). Er bekannte sich sogar zu einem *Sozialismus der Tat*, aber seine Aversion gegen Parteiliteraten von links musste sich weiter verfestigen. Sein Rundfunkvortrag *Die neue literarische Saison*, gesendet am 28. August 1931, bündelte seine Abwehrargumente gegen diesen Gegner neuerlich.

Allerdings: In Benns Essays dieser Jahre ist auch, unabhängig von den Folgen des Lagerdenkens im literarischen Feld, eine gedankliche Annäherung an Positionen der so genannten Konservativen Revolution wie auch an biologistische Ideologeme der Zeit zu beobachten. Im Mittelpunkt steht unverändert sein Interesse am Ich. Und hatte der erste explizite Essay *Das moderne Ich* (1920) schon heftig an den Grundfesten der Moderne – Materialismus, Historismus, Positivismus, Darwinismus und Evolutionismus – gerüttelt, so radikalisiert sich dieser Zugriff jetzt noch. Benn rekurriert auf Medizin, moderne Biologie und Psychologie, um seine *Geologie des Ich* (I, 90) voranzutreiben, deren Hauptziel es mehr denn je ist, die menschliche Vernunft, das Prinzip Bewusstsein (angesiedelt in der Großhirnrinde) zu entkräften zugunsten des ‹Unterreichs› der Triebe, des Irrationalen, des Blutes, dem, via Rausch und Ekstase, alle Schöpferkraft zugeschrieben wird.

Im ‹Essayjahr› 1930 erscheinen allein vier Aufsätze, die dem *Aufbau der Persönlichkeit* (I, 90) gewidmet sind. Dabei liegt der Fokus immer wieder auf dem *Genieproblem*, der bohrenden Frage, woher künstlerische Kreativität stamme. Benn entwickelt im Grunde keine originäre Theorie, und er kennt auch keine Skrupel, was die Wahl seiner Gewährsleute angeht. Ob Völkerpsychologie (Lucien Lévy-Bruhl und seine Untersuchungen zum Prälogischen, zur «mentalité primitive»), Psychoanalyse (Sigmund Freud, Otto Rank, C. G. Jung und ihre Lehre vom Unbewussten, die Benn später heftig ablehnt), Konstitutionspsychologie und Charakterologie (Ernst Kretschmer), Pathographie des Genies (Wilhelm Lange-Eichbaum, Karl Birnbaum) und zeitgenössische Hirnforschung – Benn sucht zusammen und montiert ineinander, was und wie es ihm gefällt. Dabei besetzt er in dieser Phase das so genannte «Bionegative» (der Begriff stammt von Lange-Eichbaum) noch eindeutig positiv: *Genie ist Krankheit, Genie ist Entartung, davon muß man sich, glaube ich, für überzeugt erklären.* (I, 116)

Umgekehrt heißt dies, dass der Benn des Jahres 1930 überhaupt noch keinen Sinn für ‹positive› Rassezüchtung oder ‹rassische Gesundheit› (was immer das sein sollte) hat – wenngleich die Hochschätzung des rein Biologischen, des Körpers, des Blutes (was immer nur Metapher sein kann) schon sehr weit gediehen ist. *Es gibt [...] nur eine Ananke: den Körper* (I, 82), heißt es da, und *das Biologische* wird *als Richterin der Wahrheit* angerufen, *als ewig natürlicher Regulator der Norm* (I, 104). Man wird mit Jürgen Schröder bilanzieren, dass diese Essays den «Versuch einer radikalen Entsozialisierung des Ich und der menschlichen Persönlichkeit»[70] darstellen, ebenso wie sie jedem vernünftigen Verständnis von Geschichte absagen. Damit fügt sich Benn leider nur zu klar in die biologistische, präfaschistische Ideologie der Jahrzehnte vor 1933 ein, die, mit Helmuth Plessner zu sprechen, ihren einzigen «Halt [...] noch vor, noch unter der Geschichte», im biologischen «Ankergrund [...] naturhafter Ursprünglichkeit»[71] suchte – und dabei auf das Phantom einer artreinen arischen Rasse stieß. Das ist freilich bis Anfang 1933 noch nicht Benns Sache.

In den drei großen Essays des Jahres 1932 schien sich Benn von solchen Positionen eher wieder zu entfernen. 1931 hatte er in seiner Festrede auf Heinrich Mann zwar ein weiteres Mal *die artistische, die dionysische Kunst,* geboren aus dem *tiefen Nihilismus der Werte, aber über ihm die Transzendenz der schöpferischen Lust* (I, 415 f.) beschworen. Aber sein Aufsatz *Goethe und die Naturwissenschaften* sang ein Loblied auf ein ganz anderes Ideal: *Noch einmal die ungetrennte Existenz, der anschauende Glaube, die Identität von Unendlichkeit und Erde, noch einmal das antike «Glück am Sein» [...].* (I, 197) Doch auch hier schwang mit, dass diese durch und durch gesunde, im Gleichgewicht zwischen Ratio und Irratio befindliche Verfassung des Ichs, die Goethe ein letztes Mal repräsentiert hatte, nicht mehr zu haben war. In der Gegenwart leben bedeutete: im Angesicht des Nihilismus leben.

Freilich traute Benn sich jetzt, einigermaßen überraschend, eine *Überwindung des Nihilismus* zu – so der ursprüngliche Titel des Aufsatzes *Nach dem Nihilismus* vom Sommer 1932, mit dem der Autor erstmals in einer Zeitschrift der militanten Rechten («Der Vorstoß») gedruckt wurde. Hier postulierte er *für den Deutschen*, im Sinne *einer volkhaften Verpflichtung*, klar und ausschließlich *einen letzten Ausweg aus seinen Wertverlusten, seinen Süchten, Räuschen, wüsten Rätseln* durch *das Gesetz der Form [...]: Raumgefühl, Proportion, Realisierungszauber, Bindung an einen Stil*. Aus einer solchen *Steigerung des Konstruktiven* könnte sich, so meinte der Autor jetzt, sogar *eine neue e t h i s c h e Realität bilden – n a c h dem Nihilismus!* (I, 161)

Benns Wandlung geht sehr weit, wenn man bedenkt, dass er sich 1918 in *Diesterweg* noch radikal verächtlich über die *Bedürfnisse des betont Völkischen* und den *Begriff des Gemeinnützigen* geäußert hatte (SW III, 437). Seine *Akademie-Rede* vom 5. April 1932 bestätigt einerseits mit der Wendung von der *formfordernden Gewalt des Nichts* (I, 438) die zentrale Pointe des Nihilismus-Essays und wagt zum andern einen weiteren halsbrecherischen Ausblick in die Zukunft des deutschen Volkes, dem plötzlich, in Abwehr der *unaufhaltsam fortschreitenden Verhirnung der menschlichen Rasse* (I, 431 f.), die direkt bevorstehende Geburt eines neuerlich mythischen Menschentyps, der *das Schöpfungsfrühe noch einmal ins Bewußtsein wendet* (I, 438), zugetraut wird. – Wie verzweifelt müssen Intellektuelle die Ausweglosigkeit der späten Weimarer Republik und der Weltwirtschaftskrise erlebt haben, wenn ihre Köpfe solche Hirngespinste ausbrüteten!

Versucht man den Ertrag von Benns Essay-Jahren noch vor dem Jahr 1933 zu benennen, so lässt sich das Etikett ‹zeitgeistiger Eklektizismus› kaum vermeiden. Gottfried Willems nennt die Essays «effektvoll arrangierte Potpourris von Machtwörtern der zivilisationskritisch-irrationalistischen Philosophie der zwanziger und dreißiger Jahre» [72]. Der Autor selbst hat in einem Brief aus dem Jahr 1941 hart über sie geurteilt: *Ach, diese schwatzhaften Aufsätze von mir aus früherer Zeit, Materien, denen ich nicht gewachsen war [...].* (OB I, 269) Allerdings erschöpft sich Benns Montagetechnik nicht in der puren Kompilation angelesener Texte. So besteht

z. B. der Essay *Goethe und die Naturwissenschaften* zu etwa zwei Drit-
teln aus Übernahmen fremder Texte (vor allem aus einem 50 Jahre
alten Goethe-Essay von Samuel Kalischer[73]), aber Benn hat diese
Fremdtexte so geschickt montiert und seinem eigenen Sprachduk-
tus eingefügt, dass eindrucksvolle ‹Benn'sche› Prosa entsteht.[74]
Benn war, wie Bertolt Brecht, ausgesprochen «lax in Fragen des
geistigen Eigentums», er war jedoch Sprachkünstler genug, um
den Vorwurf des Plagiats rasch verstummen zu lassen. Mopsa
Sternheims Formulierung «Er lebt poetisch aus gestapelter Wa-
re»[75] trifft den ganzen Benn – sowohl die Lyrik (man denke an
Staatsbibliothek), als auch alle Arten von Prosa (mit einer Vielzahl
von Selbstzitaten), und am stärksten gewiss die Essays mit ihrer
«Spielart der integrierenden Montage»[76]. Aber darin manifestiert
sich nur in besonders pointierter Weise eine Tendenz von Literatur schlechthin, zumal in der Moderne: Sie lebt aus den großen
Texten der Weltliteratur, der Philosophie, der Humanwissenschaf-
ten, die sie vorfindet. Ohne diese Art umfassender Intertextualität
ist sie nicht mehr denkbar.

«Verlust des Ich an das Totale – un-endliche Scham über meinen Abstieg» (1933/34)

Für knapp eineinhalb Jahre, von der Machtübernahme Adolf Hitlers am 30. Januar 1933 bis zum Röhm-Putsch am 30. Juni 1934,
stand Gottfried Benn auf Seiten der Nazis, und zwar nicht nur als
stiller Sympathisant, sondern in Worten und Taten. Diese Haltung
manifestiert sich zunächst in seinem Agieren in der Akademie der
Künste, sodann in Rundfunkreden und anderen öffentlichen Auf-
tritten. Seitdem sind viele Jahrzehnte vergangen, aber unverändert gilt, dass ein Versuch, dem großen Dichter umfassend gerecht
zu werden, vor dieser Tatsache nicht die Augen verschließen darf.
Es sind nur wenige bedeutende Geister gewesen, die die Nähe der
Nazis gesucht und gefunden haben – so vor allem Martin Heideg-
ger, Carl Schmitt und Arnold Gehlen (die, anders als Benn, auch
der NSDAP beitraten). Umso dringlicher ist es, sich um eine Erklärung dieser Parteinahme zu bemühen.

Zunächst die wichtigsten Fakten. Seit ihrer Gründung im Jahre 1926 spiegelte sich in der Sektion Dichtkunst der Preußischen

Akademie der Künste der tiefe Kulturkonflikt zwischen boden-
ständiger Provinzliteratur (Erwin Guido Kolbenheyer, Wilhelm
Schäfer u. a.) und avancierter, weltläufiger Literatur der Moderne,
verketzert als «wurzellose Asphaltliteratur», wenngleich die Vertreter dieser Richtung in der Minderzahl und dementsprechend
mit Neid erfüllt waren. Parteiliteraten von links (wie Becher oder
Brecht) oder rechts (wie Hanns Johst) fehlten völlig. Noch Ende Januar 1933 vertrat Benn, wie Sitzungsprotokolle und Resolutions-
entwürfe der Sektion zeigen, die Auffassung, dass die Akademie
außerhalb politischer Richtungskämpfe zu stehen habe. Ja, er gehörte zur Mehrheit, die sich explizit gegen die um sich greifende
«Kulturreaktion» wandte.[77]

Erst Mitte Februar zeichnet sich in Sektionssitzungen ab, dass
Benn einen Lagerwechsel vollzieht. Er missbilligt Heinrich Manns
Wahlaufruf vom 14. Februar 1933 für eine SPD-KPD-Einheitsfront
gegen Hitler scharf und hält dessen Ausscheiden aus der Akademie für zwingend, habe er doch *den Kampf gegen die legal und ver-*

fassungsmäßig gebildete Regierung eröffnet und diese der Barbarei bezichtigt.[78] Benns fatale Reaktion auf den Reichstagsbrand am 27. Februar und seine Abkehr von seinen nonkonformen Kollegen, den *Linksleuten,* zeigt sich in einem Brief an Egmont Seyerlen von diesem Tag in aller Deutlichkeit: *Hier herrscht Angst und Schrecken in der Literatur. [...] Was für Kinder! Was für Taube! Die Revolution ist da und die Geschichte spricht. Wer das nicht sieht, ist schwachsinnig. Nie wird der Individualismus in der alten Form, nie der alte ehrliche Sozialismus wiederkehren. Dies ist die neue Epoche des geschichtlichen Seins, über ihren Wert oder Unwert zu reden ist läppisch, sie ist da. [...]*[79]

Bei der nächsten Sektionssitzung der Akademie am 13. März tritt Benn erstmals als Initiator einer folgenreichen Aktion in Erscheinung. Er hat ein Revers ausgearbeitet, das den Mitgliederkollegen quasi die Pistole auf die Brust setzt, indem es ihnen eine unbedingte Loyalitätserklärung gegenüber dem NS-Regime abfordert. Tage später treten Thomas Mann, Alfred Döblin und andere aus der Akademie aus, und bald gehen die meisten von ihnen, wie zuvor schon Bertolt Brecht und Heinrich Mann, ins Exil – auch jener Dr. med. Döblin also, *mein 3facher Kollege* (OB II, 51), dem Benn mehrfach seine Reverenz als Sprachvirtuose erwiesen hatte.[80] Ricarda Huch verweigert sich der Anfrage empört und verliert dadurch ihre Mitgliedschaft. Der Benn gut vertraute Oskar Loerke wird am 7. April aus seinem Amt als Akademiesekretär entlassen. Am 20. April kommt es – unter Benn als kommissarischem Vorsitzenden der Sektion – zur Zuwahl von mehr als einem Dutzend neuer Mitglieder, unter ihnen explizit nazistische wie Hanns Johst, Börries von Münchhausen und Will Vesper. Die Sektion Dichtkunst ist erfolgreich gleichgeschaltet, und Gottfried Benn hat das Seine dazu getan.

Es folgen die beiden nächsten Tiefpunkte von Benns selbst inszenierter *Opferbereitschaft und Verlust des Ich an das Totale, den Staat, die Rasse* (I, 440): Am 24. April 1933 hält er im Berliner Rundfunk den Vortrag *Der neue Staat und die Intellektuellen,* und genau einen Monat später verlautbart der Autor, wiederum über das Radio, seine *Antwort an die literarischen Emigranten.* Der erste Text feiert hemmungslos den *Machtstaat* und die *Tatsache eines vollkommenen, geschichtlich logischen, von echten menschlichen Substanzen er-*

Vertraulich!

20. MRZ. 1933

Sind Sie bereit, unter Anerkennung der veränderten geschichtlichen Lage weiter Jhre Person der Preussischen Akademie der Künste zur Verfügung zu stellen? Eine Bejahung dieser Frage schliesst die öffentliche politische Betätigung gegen die Regierung aus und verpflichtet Sie zu einer loyalen Mitarbeit an den satzungsgemäss der Akademie zufallenden nationalen kulturellen Aufgaben im Sinne der veränderten geschichtlichen Lage.

Ja   Nein

(Nicht Zutreffendes bitte zu durchstreichen)

Name: ...... *M. Gottfried Benn*

Ort und Datum: ...... *Berlin. 15. III. 1933.*

Von Benn entworfene Loyalitätserklärung der Mitglieder der Preußischen Akademie der Künste für den neuen Staat, mit seiner eigenen Unterschrift

nährten Sieges der nationalen Idee und verdammt gleichzeitig Demokratie, Liberalismus und Marxismus. Die *öffentliche Meinungsäußerung* empfiehlt er *nur denen zu gestatten, die auch die öffentliche Staatsverantwortung tragen.* (I, 440–446) Für eine kritische, gar destruktive Intelligenz, den klassischen unabhängigen Intellektuellen ist da kein Platz mehr; er hat sich selbst abgeschafft. Was der Franzose Julien Benda in seinem berühmten Essay von 1927 den «Verrat der Intellektuellen» nannte: Gottfried Benn vollzog ihn und verriet damit auch sich selbst.

Benns *Antwort an die literarischen Emigranten*, zwei Wochen nach den Bücherverbrennungen des 10. Mai, wurde provoziert von einem Privatbrief, den ihm Klaus Mann am 9. Mai aus seinem Exilort in Südfrankreich geschrieben und in dem er ihn um Aufklärung darüber gebeten hatte, warum er sich entschieden hatte, seinen Namen, «der uns der Inbegriff des höchsten Niveaus und

einer geradezu fanatischen Reinheit gewesen ist, denen zur Verfügung zu stellen, deren Niveaulosigkeit absolut beispiellos in der
europäischen Geschichte ist [...]». Mann hatte selbst schon eine
Antwort gegeben, wenn er Benns «immer grimmigeren Irrationa-
lismus» für diese Entwicklung verantwortlich machte: «Erst die
große Gebärde gegen die ‹Zivilisation› [...]; plötzlich ist man beim
Kultus der Gewalt, und dann schon beim Adolf Hitler.»[81]

Es war Benns eigene Entscheidung, auf dieses persönliche
Schreiben seines bisherigen Verehrers in der größtmöglichen Öffentlichkeit, im Radio, zu antworten. Offenbar verstand er seine
eigene Rolle als einerseits so bedeutend und andererseits von
Klaus Mann nun so radikal infrage gestellt, dass er es für geboten
hielt, sich über dieses Massenmedium zu rechtfertigen. Benns *Antwort* verschärfte die pathetischen Aussagen des *Intellektuellen*-Vor-
trags zu Geschichte, Staat und Volk und vermehrte sie um zwei
Aspekte. Zum einen entzog er mit Klaus Mann den Emigranten
schlechthin die Legitimation, wenn er ihnen vorwarf, sie hätten es
durch ihren Weggang *versäumt, den ihnen so fremden Begriff des Volkes nicht gedanklich, sondern erlebnismäßig, nicht abstrakt, sondern in
gedrungener Natur in sich wachsen zu fühlen* und *Geschichte [...] als das
elementare, das stoßartige, das unausweichliche Phänomen zu sehen [...].*
(IV, 240 f.)

Benn vergaß über diesen Vorwürfen ein wenig, dass zumindest die erklärten Linken sowie die Juden unter den Emigranten
möglicherweise nur wenig Gelegenheit gehabt hätten, dieser ur-
deutschen Erfahrung «erlebnismäßig» und «stoßartig» lange teil-
haftig zu werden, weil man sie schlicht eingesperrt oder sogar um-
gebracht hätte. Aber dass ‹die Geschichte› *an ihren Wendepunkten
[...] nicht demokratisch, sondern terroristisch* arbeitet, hatte er bereits
in Stichworten für seinen *Intellektuellen*-Vortrag für richtig befun-
den.[82]

Der zweite neue Aspekt war – wie sich schon in der *Akademie-
Rede* 1932 angedeutet hatte – Benns Vision *eines neuen biologischen
Typs, die Geschichte mutiert und ein Volk will sich züchten* (IV, 242). Er
nahm diese Vision wieder auf und trieb sie weiter in den Essays
Züchtung (1933) und *Dorische Welt* (1934) – Texte, in denen er sich
der biologistischen Rasseideologie der Nazis am stärksten annä-
herte.

Trotz solch flammender Bekenntnisse zum NS-Staat konnte Benn seinen Platz im literarischen Feld nicht behaupten. Bereits am 8. Juni 1933 wurde der Sitz des Sektionspräsidenten Hans Friedrich Blunck, einem gefügigen Nazi-Barden, übertragen; weitere Altmitglieder wurden aus der Akademie gedrängt, sodass diese sich nun endgültig «aus dem betont außervolklichen Zustande» in einen «volksbewußten und artgerechten Lebenskörper umgebaut» präsentierte.[83]

Benn war ein ums andere Mal entsetzt über diese Veränderungen, wie Loerkes Tagebuch festhält[84], aber einen Ausweg aus der Sackgasse, in die er geraten war, fand er nicht. Schon im Juli 1933 sah er sich *isoliert nach allen Seiten*[85] und schrieb an Käthe von Porada, eine neue Freundin: *Es ist tödliche Stille, im Geschäft, im Privaten, im Telefon, in der Post.*[86] Zur gleichen Zeit nahm er weiter öffentliche Aufgaben wahr (so die Totenrede auf den verstorbenen Akademiepräsidenten Max von Schillings) und ließ sich sogar noch im Januar 1934 als Stellvertreter von Johst zum Vizepräsidenten der «Union nationaler Schriftsteller», der angepassten Nachfolgeorganisation des ausgeschalteten PEN-Clubs, wählen. Immerhin wurden 1933 auch alle seine Vorträge in bekannten Zeitungen gedruckt, und sein Sammelband *Der neue Staat und die Intellektuellen* konnte noch im Sommer in einem staatsnahen Verlag, der Deutschen Verlags-Anstalt, erscheinen. Es bedurfte offenbar erst einiger gefährlicher Angriffe auf seine Person, um dem Dichter klar zu machen, dass das Dritte Reich nicht sein Reich war.

Anfang Oktober 1933 erschien ein Pamphlet des Balladendichters Börries von Münchhausen gegen die expressionistische Generation, das sogleich von über dreißig Zeitungen nachgedruckt wurde. Benn reagierte mit einem empörten Brief an den Kollegen und schrieb den Essay *Bekenntnis zum Expressionismus*, der einen halsbrecherischen Spagat versuchte: eine Rettung des Expressionismus als *letzte große Kunsterhebung Europas* (die es freilich versäumt habe, *eine geschichtlich volkhafte Sendung* zu übernehmen) – bei gleichzeitiger Verunglimpfung marxistischer Kunst, der er *Antiheroismus, dialektisches Gewäsch* und *Destruktionismus* vorwarf. Der Expressionismus habe *das Absolute* in *abstrakte harte Formen* gehämmert: *Bild, Vers, Flötenlied.* (I, 247–256)

Allerdings gab es niemanden, der Benn seinen Versuch gedankt hätte, den Expressionismus für die NS-Kultur zu retten. Im Gegenteil, von Münchhausen richtete nunmehr seine Invektiven direkt gegen Benn, indem er ihn im Frühjahr 1934 verdächtigte, Jude im rassischen Sinne zu sein. Dafür spreche seine *tragische Grundhaltung*, die *typische Grundhaltung des jüdischen Mischlings* (OB I, 33). Benn fühlte sich äußerst gefährdet, auch ökonomisch (er war bereits Monate vorher vom NS-Ärztebund *von einer Liste gestrichen* worden, *auf der Ärzte standen, die bestimmte Atteste ausstellen durften*; IV, 91), und hielt es für angebracht, so umständlich wie beflissen zu belegen und öffentlich zu machen, dass er *natürlich reiner Arier* sei (OB I, 35). In diesem Zusammenhang steht auch seine Rückbesinnung aufs deutsche Pfarrhaus, die er unter den Titel *Der deutsche Mensch. Erbmasse und Führertum* stellte.

Solche Angriffe wie auch die alltäglichen Erfahrungen der Repressalien, Gängelungen und Dummheit des *neuen Staats* trugen dazu bei, dass Benn seine pathetische Parteinahme für das NS-Regime zunehmend fragwürdig, ja peinlich wurde. Offensichtlich hat vor allem der Röhm-Putsch – die Liquidierung der SA-Spitze und anderer politischer Gegner am 30. Juni 1934, der mehr als 150 Menschen zum Opfer fielen – zu seiner fortschreitenden Ernüchterung beigetragen. Am 24. Juli 1934 schrieb er, wohl mit Bezug auf dieses Ereignis, an den inzwischen sehr vertrauten F.W. Oelze nach Bremen: *Es giebt keine Worte mehr für diese Tragödie. Ein deutscher Traum – wieder einmal zu Ende –.* (OB I, 36 und 41 f.) Und der Kollegin Ina Seidel schilderte er seine Lage so: *Ich lebe mit völlig zusammengekniffenen Lippen, innerlich u. äußerlich. Ich kann nicht mehr mit. Gewisse Dinge haben mir den letzten Stoß gegeben. Schauerliche Tragödie! Das Ganze kommt mir allmählich vor wie eine Schmiere, die fortwährend «Faust» ankündigt, aber die Besetzung langt nur für «Husarenfieber». Wie groß fing das an, wie dreckig sieht es heute aus. Aber es ist noch lange nicht zu Ende.* (AB 58)

Zu Benns depressiver Stimmung trug gewiss bei, dass er sich unter Berliner Kollegen und guten Bekannten, die das NS-Regime von Anfang an mit großer Distanz gesehen hatten, nicht gerade beliebter machte, als er jetzt selbst auf diese Position überschwenkte. Schon Ende Mai 1933 hatte Paul Hindemith vorausschauend über den «Leibhautundharnpoeten» Benn an seine Frau geschrieben: «[...] unser Heimchen am Herd Jottfried [...] scheint's ja wirklich ganz arg gepackt zu haben. [...] Ganz schön, aber von hier bis zum Bruderkuss hätte er eine etwas langsamere Windeseile einschalten können. Seine Enttäuschung nach ein paar Monaten möchte ich mal sehen.»[87] Am 22. April 1935, drei Wochen nach Benns Übersiedlung nach Hannover, notierte Oskar Loerke in seinem Tagebuch, wie einig man sich an dem Künstler-Stammtisch mit Renée Sintenis, Hans Purrmann, Karl Hofer und Emil R. Weiß gewesen sei, dass «man gegen die Unanständigkeit [der Nazis] radikal ablehnend sein müsse. [...] Alle einig. Schlechter Nachruf auf Benn. Es sei höchste Zeit gewesen, daß er sich zurückgezogen habe. Flucht in die Reichswehr.»[88]

Benns Sorge, wie lange er seine Arztpraxis noch halten könne (eine Bewerbung bei der Stadt Berlin war neuerlich gescheitert), hatte bei ihm im Herbst 1934 tatsächlich den Plan reifen lassen, als Arzt in die Reichswehr zurückzukehren. Und als ihm aus der Armee heraus *eine ganz günstige Offerte gemacht* wurde, sagte er kurz entschlossen zu. *Dann hätte ich wirtschaftlich etwas Ruhe u. müßte alle Verbindungen lösen, die ich hier habe, einschl. Akademie etc. – und gerade das ist es, was ich möchte. R a u s aus allem; u. die R. W. ist die aristokratische Form der Emigrierung! Ein schwerer Entschluss, Berlin zu verlassen, aber vielleicht tue ich es.* (OB I, 39) Im Frühjahr 1935 tat er es wirklich.

Wie aber lässt sich der Weg Benns an die Seite des nationalsozialistischen Gewaltregimes begreifen? Man wird gut daran tun, sich nicht auf eine monokausale Erklärung für Benns gravierenden Irrweg zu versteifen. Es gibt, in deutlicher Kontinuität schon seit 1920, sein Ressentiment gegen Materialismus und Historismus, Liberalismus und Demokratie, das ihn spätestens um 1930 für die Ideologeme der so genannten Konservativen Revolution wie für die fundamentale Zivilisationskritik eines Oswald Spengler oder die grandiosen Zukunftsentwürfe des italienischen Nietzscheaners Julius Evola und den Futurismus Filippo T. Marinettis (den er 1934 in Berlin traf und in einer Rede feierte) empfänglich machte. Es gibt die Faszination durch das Körperlich-Biologische als letzte, vermeintlich verlässliche Schicht, den kalten Blick auf den Menschen als Material. Hier konnten Benns Phantastereien über Erbmasse und Züchtung aus den Jahren 1933/34, hinter denen immer auch Nietzsches Vision des «Übermenschen» steht, ansetzen. Die entscheidende Annäherung an die Nazilehren lag darin, dass sein früheres Loblied auf das «Bionegative» jetzt verstummte und er eugenischen Maßnahmen auch im Sinne der *Eliminierung* (IV, 395) – d. h. im Wege der Zwangssterilisation, wie sie die Nazis im August 1933 gesetzgeberisch ins Werk setzten –, der *Reinigung des Volkskörpers* und der *Ergänzung dieses auszuscheidenden minderwertigen Volksteils [...] durch qualitativ hochwertiges Menschenmaterial* ausdrücklich Beifall zollte (I, 235).[89]

Neben, und vielleicht vor, diesen Dispositionen ist die Frage seines nie gesicherten sozialen und ökonomischen Status und der seines mehrfach, und in aggressiver Weise, infrage gestellten «symbolischen Kapitals» als Autor von entscheidender Bedeutung. Benn hielt zwar die Politiker der Weimarer Republik allesamt für «geschäftige Nullen», «aber er litt ganz offenbar darunter, daß eine [...] Beziehung» zur politischen Klasse fehlte. Zwischen 1928 und 1932 hatte sich dann, vor allem durch die Aufnahme in die Akademie, eine Art «Resozialisierung des Außenseiters» (Jürgen Schröder[90]) vollzogen. Jetzt, zum Jahresbeginn 1933, erlag er der trügerischen Hoffnung, durch die Nazis «einen sozialen Rang» zu erhalten, «wie er ihn in der militärischen Gesellschaft seiner Jugend und im ersten Weltkrieg besessen hatte».[91] Benn hatte nie wetteifern können mit den strahlenden Erfolgen der «Family of Mann», des großen Thomas zumal.[92] Seine gerade erst eroberte Mitgliedschaft in der Akademie der Künste – *eine glanzvolle Angelegenheit*[93] – erlebte er als einen Triumph, den wieder aufgeben zu müssen ihn mit geradezu panischer Angst erfüllte. Einmal am Macht- und Medienpol der Gesellschaft angelangt, wollte er ihn nicht wieder verlassen.

Schließlich ist die (anfängliche) Faszination des dionysischen Rauschkünstlers, der Benn auch war, durch den Faschismus als effektvolle «Ästhetisierung der Politik» (Walter Benjamin) – seine Aufmärsche, Fackelzüge, medialen Inszenierungen – nicht zu verkennen.[94] Im Grunde war spätestens seit dem Essay *Nach dem Nihilismus* ein «ästhetischer Imperialismus»[95] Benns ureigenstes Projekt – der Traum, eine Dominanz des Ästhetischen in allen anderen Lebenssphären durchzusetzen und damit die so vermisste Totalität von Erfahrung in der zerrissenen Welt der Moderne zu ermöglichen. Der NS-Bewegung gelang in atemberaubender Weise,

unten auf der Straße und massenhaft, was ihm als Individual-
künstler nur in flüchtigen Epiphanien vergönnt war: sinnliche
Räusche, *mystische Partizipation*, das Ich entgrenzende Ekstasen zu
erzeugen. Das konnte Neid erwecken, vielleicht darf man auch
von einer «Identifikation mit dem Angreifer» im Sinne der
Psychoanalyse sprechen. Jedenfalls wurde Benns eschatologische
Sehnsucht, das Verlangen nach einem plötzlichen Umschlag ins
Heil, durch die faschistischen Inszenierungen stark angespro-
chen. Diese Sehnsucht teilte er mit vielen anderen glaubenslosen
Intellektuellen.

　　Ein Dokument von besonderem Erklärungswert ist Benns
Brief an Thea Sternheim vom 16. April 1932. Die Freundin war bereits zu Jahresbeginn nach Paris übergesiedelt, weil sie die politischen Verhältnisse in Deutschland – ein Jahr vor der NS-Macht-
übernahme – unerträglich fand. Benn schreibt: *[...] obschon jemand,*
der Deutschland verlässt, nur weil [...] der Betreffende fürchtet, dass
es ihm darin schlecht gehn könnte, oder einfach, weil er es sich leisten
kann – natürlich von denen, die es sich nicht leisten können u zurückblei-
ben müssen und auch a u s C h a r a k t e r zurückbleiben würden, nicht
mehr mit derselben Sympathie und Freundschaft betrachtet werden
kann wie vorher –, bietet er der *lieben Stoisy* gleichwohl großzügi-
gerweise an, die Freundschaft doch nicht endgültig aufzukündi-
gen. Er spricht selbst treffend von seinem *Ressentiment*, das ihn zu
dieser Einleitung seines Briefes motiviert habe. Nach einem knap-
pen Bericht von *unserem bescheidenen u. beschränkten Leben* in diesem *barbarischen Land* verabschiedet er sich von Thea Sternheim
mit der provozierenden Anrede *Deserteur* – genau so hat der ewige
Soldat Benn ihren Weggang offenbar empfunden: als Desertion.[96]

　　Benns Brief gibt – noch bevor die Frage existenziell wichtig
wurde – klare Antworten auf die Frage, warum er nicht emigrieren würde: weil er es sich ökonomisch nicht leisten konnte und
weil er sich seinen Platz als Deutscher nur in Deutschland vorstel-
len konnte. Dass es für viele seiner Kollegen spätestens nach dem
Reichstagsbrand ein unmöglicher Luxus gewesen wäre, die Fragen
so wie Benn zu stellen, wehrte er hartnäckig ab, wie seine *Antwort*
an die literarischen Emigranten vom Mai 1933 demonstriert. Der
Brief zeigt, dass Benn sich, nicht zuletzt aus sozialem Ressentiment, bereits ein Jahr vorher abgesetzt hatte von den Kollegen mit

kläglichem, bürgerlich-kapitalistischem Behang. Eine Villa, damit endete für sie das Visionäre, ein Mercedes, das stillte ihren wertesetzenden Drang. (I, 449) – So verschlingen sich in Benns Haltung 1933/34 in nur schwer zu entwirrender Weise Sozialneid und Glaubenwollen, Ressentiment und Faszination, militärischer Habitus und Rauschbereitschaft, Überschätzung der eigenen Bedeutung und die Angst, diese wieder einzubüßen.

Krieg Gottfried Benn Nationalsozialist? War er Faschist? So lauten die immer wieder gestellten Fragen. Nun, der Autor war zu keinem Zeitpunkt ein genuiner Nationalsozialist, insofern ein entscheidendes Feindbild für ihn keine Rolle spielte: der Antisemitismus. Else Lasker-Schüler, Carl Einstein und Carl Sternheim, die Verleger A. R. Meyer, Erich Reiss und Heinz Ullstein sowie der

Kunsthändler Zatzenstein waren seine Freunde, und seine wiederholte Aussage, dass ihm neben dem aristokratischen das jüdische Milieu immer das liebste gewesen sei, ist glaubhaft. Seinen halsbrecherischen Züchtungsphantasien zum Trotz (er empfahl den Nazis groteskerweise Moses als Vorbild: *der größte völkische Terrorist aller Zeiten und großartigste Eugeniker aller Völker; Züchtung I*; I, 218) wäre es absurd, ihn zum Kronzeugen für die spätere nazistische Ausrottungspolitik machen zu wollen.

Benn für die Zeitspanne 1933/34 einen Faschisten zu nennen (Seite an Seite mit Knut Hamsun, seinem liebsten Romancier, Ezra Pound und Louis F. Céline) kommt der Sache schon näher. Wie bei den Mussolini-Anhängern gärte in ihm lange antibürgerliches und antikapitalistisches Ressentiment, bejahte er den autoritären Staat und das Führerprinzip, verwarf er durchaus nicht den Einsatz von terroristischer Gewalt – und er war angezogen von der Praxis der ästhetisierten Politik, die die italienischen Faschisten den Nazis vorgemacht hatten. Doch die Faszinationskraft von alldem schwand rasch und nachhaltig. Am 24. November 1934 schrieb er im Rückblick auf das Jahr 1933, *als noch soviel Glaube, Liebe, Hoffnung war*, an Oelze: *Heute würde ich schreiben: «die Fresse von Cäsaren u. das Gehirn von Troglodyten».* (OB I, 40) Es dauerte noch länger als ein Jahr, bis Benn eine heute noch zu Herzen gehende Formulierung fand: *Unendliche Scham über meinen Abstieg, und zu langes Leben, Über-leben, unendliche Trauer über den Verrat, den ich an mir zu begehen plante, warf mich um.* (OB I, 99)

Hannover, Berlin III, Landsberg: Arzt in der Wehrmacht (1935 – 1945)

«Die aristokratische Form der Emigrierung»

Am 1. April 1935 trat Gottfried Benn seinen Dienst als Oberstabsarzt im Range eines Majors bei der Heeressanitäts-Inspektion Hannover an. In späteren Äußerungen hat er das Wort von der Armee als der *aristokratischen Form der Emigrierung* (oder *Emigration*; z. B. in *Doppelleben*; IV, 94) oft und gern wiederholt. Es wurde alsbald populär bis hinauf zum Oberkommando. Benn war diese Devise wichtig, hatte er doch mit ihr eine hilfreiche, in doppelter Weise Identität stiftende Formel gefunden. Zum einen wurde er damit auch, wie verspätet immer, zum Emigranten, der sich demonstrativ von den Nazis absetzte, aber er war – zum zweiten – ein ganz besonderer, «aristokratischer» Emigrant, indem er sich in die damals tatsächlich noch wenig nazistisch verseuchte, ‹saubere› Armee integrierte, womit er sich zugleich, in Deutschland ausharrend, vom Gros der ins Ausland Geflüchteten distanzierte. Aufs Neue eroberte Benn sich die Außenseiterposition zurück, die er seit 1928 schrittweise verlassen und zu Beginn der NS-Herrschaft vollends preisgegeben hatte. Nach außen hin diente er dem Großdeutschen Reich als Offizier, aber sein eigentliches Credo war (wieder) das ‹reine› Künstlertum: *Du stehst für Reiche, nicht zu deuten und in denen es keine Siege gibt.* (II, 140) Die Zwei-Reiche-Lehre, das *Doppelleben* war neuerlich – und endgültig – etabliert.

Skeptischer, kälter, erwartungsloser kann man ein neues Leben nicht beginnen, als ich es hier tue (AB 65) – so nüchtern blickte Benn voraus auf die Etappe Hannover, die vor ihm lag: Dauer unbestimmt. Der späteren Bilanz in der Autobiographie *Doppelleben* darf man nicht ohne weiteres Glauben schenken. Dort heißt es: *Alles in allem waren es keine schlechten zwei Jahre, die ich dort verbrachte. Der Dienst war nicht schwer und dauerte nicht lange [...], ich wohnte wieder wie als Student in einem möblierten Zimmer und kochte mir selbst. Sonntags fuhr ich mit den großen Reiseomnibussen in mir bis da-*

hin unbekannte Gegenden der Weser, der Heide, des Sollings oder in mir
fremde Städte, wie Hameln, Celle, Wolfenbüttel, alles interessante Orte.
Von Politik war hier nichts zu spüren. (IV, 97) Doch Briefe an den
Freund Oelze in Bremen und die beiden Geliebten Elinor Büller
und Tilly Wedekind in Berlin sprechen eine andere Sprache. Zunächst durfte Benn noch Zivil tragen, aber ab Herbst 1935, nach
Ablauf der Probezeit, war die Uniform Pflicht. *Es geht mir nämlich
viel elender, als ich dachte,* schrieb er jetzt an Oelze. *Ich mag die Uniform a b s o l u t   n i c h t. Bin völlig unglücklich darin. Sie gestaltet einen
mehr um, als ich dachte. Sie ist ein raffiniertes psychologisches System!*
(OB I, 80) Und gegenüber Tilly Wedekind klagte er: *Bin tief melan-
cholisch seit langem. Das Leben hier ist furchtbar. Öde, leer.*

Dabei spielte auch das Gefühl von Verlust – des erreichten
Ruhms, der Lebendigkeit der Metropole Berlin – eine erhebliche
Rolle: *So völlig ausgebootet u vorbei u. zu einer vergangenen Epoche ge-
hörend, alles, was man war u. einst dachte. Wie vergeblich alles.*[97] Monate vorher hatte Benn sich noch erleichtert gezeigt, *nun fort zu
sein aus dem ganzen Geistes- und Kulturrummel,* und die von früher
bekannte Auffassung kundgetan, *daß im Mund des öffentlichen
Menschen alles dreckig wird [...]* (AB 66). Aber so nach und nach wurde die Leere um ihn herum immer stärker fühlbar. Hannover war
Provinz, und die abendlichen Besuche im Weinhaus Wolf, in der
Stadthalle – *meiner neuesten Schwärmerei. Links Wein-, r. Bier-Terras-
se, in der Mitte eine Kapelle, wenig Menschen* (OB I, 56) – oder im Café
Kröpcke, wo er Kriminalromane las oder neue Texte schrieb, bildeten fast sein einziges Vergnügen. Gelegentlich ging er in die
Oper, aber doch mehr aus Verlegenheit. Immerhin amüsierte ihn
der unumgängliche gesellschaftliche Verkehr mit seinen Offi-
zierskollegen und den Vorgesetzten, viele von ihnen von Adel,
mehr, als dass er ihm missbehagte, wie zunächst angenommen. Ja,
sein altes Faible fürs Aristokratische belebte sich erneut. Wie im
jüdischen Milieu, so *auch hier,* schrieb er im Dezember 1935 an Elinor Büller, *etwas Überlegenes u. man könnte sagen: Unnordisches,
eben: Verfeinerung.*[98] Man sieht, wie fern Benn das rassische Ideal
der Nazis gerückt war. Und er konnte sogar lachen über Hannover,
*diese dreckige Stadt, [...] dämlichste Provinz. Manchmal bin ich über-
haupt der Meinung, hier bietet sich eine köstliche Gelegenheit zu Doppelleben u. Dämonenzauber, am Tage jawohl u. zu Befehl u den Hintern*

rausgestreckt u. abends Destruktion und Rassenschande … Tags Baldur, dem Licht ergeben, u nachts Loki, den Ratten pfeifend.[99]

Doppelleben: Das war auch weiterhin Benns Devise in Liebesdingen. Liest man seine zahlreichen so zärtlichen wie fürsorglichen Briefe sowohl an Elinor Büller als auch an Tilly Wedekind – beide unverändert in Berlin –, dann kann man seine *gute Regie* wie auch seine geteilte Liebesfähigkeit nur bestaunen, zumal noch andere Gelegenheitsbeziehungen dazukamen, wie der Autor seinen Brieffreund Oelze – nicht ohne Renommiergehabe – wissen ließ (OB I, 74 f.). So verbrachte er die Wochenenden in vielerlei Gestalt: mal bei der einen oder der anderen in Berlin, mal die eine oder andere in Hannover zu Besuch, mal mit einer Dritten zusammen, mal auch ganz allein – und dann auch am ehesten dem Geschäft des Dichtens gewidmet.

Ende 1936 lernte Benn Herta von Wedemeyer kennen, eine 21 Jahre jüngere Frau aus einer Offiziersfamilie, die als Sekretärin beim Generalkommando in Hannover tätig war. *Ich habe mir hier*

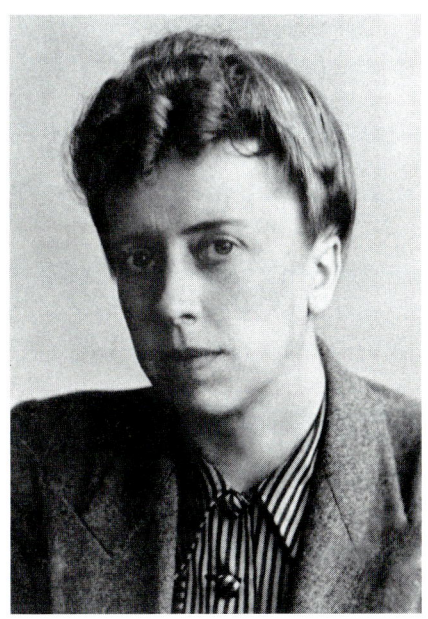

Benns zweite Frau Herta, geb. von Wedemeyer

95

eine kleine Vertraute herangezogen, die in ihren freien Stunden für mich schreibt, arbeitet, sich um meine Sachen etwas kümmert, ließ er Tilly Wedekind als Neujahrsüberraschung 1937 wissen, *keine Leidenschaft u. keine Sache des Glücks! Reiner Ordnungssinn; Bedürfnis nach etwas Gespräch und Nähe.*[100] Die andere Freundin, Elinor Büller, war ihm immerhin mehrere Seiten der Erläuterung dieser Veränderung seiner Lage wert, schön gegliedert in *1) äußere Gründe, 2) innere Gründe, 3) erotische Gründe* und *Folgerung und Zusammenfassung,* verbunden mit einem Steckbrief des noch namenlosen Fräuleins, kulminierend in dem Satz: *Wird nie im entferntesten in mein Leben einzugreifen versuchen, rührt an keine Bezirke, in die ich sie nicht haben will.*[101]

Sowohl Elinor Büller als auch Tilly Wedekind reagierten zutiefst verletzt – wie auch anders. Elinor Büller sagte sich im März 1937 in einem grandiosen Brief explizit von Benn los (sie starb im Sommer 1944).[102] Auch die Beziehung zu Tilly Wedekind kam an ein Ende, erstand allerdings nach dem Zweiten Weltkrieg als entfernte Freundschaft neu. Und am 22. Januar 1938 trat Gottfried Benn, nun schon wieder in Berlin, zum zweiten Mal in den Stand der Ehe – mit Herta von Wedemeyer, nach wie vor: *Keine Passion, keine Illusion, eine Sache der Ordnung des Lebens, der Hilfe für die äusseren Dinge, der Kameradschaft.* (OB I, 178)

Gab es in diesen Jahren 1935 – 37 überhaupt noch den öffentlichen Autor Gottfried Benn? Nun, er existierte noch, allerdings in begrenztem Umfang. Zum Jahresbeginn 1936 erschien eine kleine Sammlung *Gedichte* in der Reihe «Das Gedicht. Blätter für die Dichtung» im Hamburger Ellermann Verlag, und kurz darauf kam der Band *Ausgewählte Gedichte, 1911 – 1936,* wiederum bei der DVA Stuttgart, heraus. Zu Benns 50. Geburtstag am 2. Mai 1936 – der Autor hatte ihn mit seiner Tochter Nele in Hamburg ganz privat gefeiert – erschien etwa ein Dutzend positiver Artikel in deutschen Tageszeitungen, u. a. Würdigungen von Frank Maraun, einem guten Bekannten Benns, und dem Schweizer Kritiker Erich Pfeiffer-Belli. Sie beglückten und erschütterten den Autor, insofern sie ihn an *das andere, das abgedeckte Leben* erinnerten: die Qualen und Freuden der Arbeit mit den Worten (AB 69).

Doch die Veröffentlichung des Lyrikbandes, der einige der krassen frühen Gedichte enthielt, hatte schlimme Folgen. Die

SS-Wochenzeitung «Das schwarze Korps» veröffentlichte eine anonyme Attacke auf den Dichter unter dem Benn'schen Gedichttitel «Der Selbsterreger» (und der «Völkische Beobachter» druckte sie umgehend nach). Ihr Ziel war es ohne Zweifel, den Dichter aus der Wehrmacht zu entfernen, wo nicht für vogelfrei zu erklären. Benn meldete den Vorgang seiner Dienststelle und bat den alten Kameraden Hanns Johst um eine Ehrenerklärung. Nach Tagen der Angst und *Großer Depression*[103] kam die erhoffte Unterstützung von beiden Seiten – Benns Verbleib in der Wehrmacht, die sich nun tatsächlich als überlebensnotwendiger Schutzschild erwies, war sichergestellt.

Doch Benns Lebenslage änderte sich keineswegs zum Besseren. *Auch in meinen Kreisen hier eine unendliche Depression. Die Versteinerung schreitet fort*, schrieb der Autor Anfang Dezember 1936 an Oelze (OB I, 159). Immer stärker sann Benn darauf, wie er von der *Teufelsinsel* Hannover[104] wieder herunter und in sein geliebtes Berlin zurückkäme.

> Aber Herr Benn wühlt seinen Stift nicht nur in stinkende Wunden, er macht auch in Erotik, und wie er das macht, das befähigt ihn glatt zum Nachfolger jener, die man wegen ihrer widernatürlichen Schweinereien aus dem Hause jagte. [Es folgt: «D-Zug» von 1913.] Gib es auf, Dichter Benn, die Zeiten für derartige Ferkeleien sind endgültig vorbei […]. Verwunderlich ist noch der Mut der Deutschen Verlagsanstalt, die es im Jahre 1936 wagt, eine derartige Geistesverblödung ins Volk zu tragen […].
>
> Anonym, in: «Das Schwarze Korps» vom 7. Mai 1936

Zur Jahresmitte 1937 hatte er endlich sein Ziel erreicht. Vom 1. Juli an war er Sanitätsoffizier beim Stab des Generalkommandos, 3. Armeekorps, in Berlin. Seine Tätigkeit *bei der sogenannten Versorgung* bestand in der *wissenschaftlichen Begutachtung von Wehrdienstbeschädigungen, später*, im Krieg, *Einsatzbeschädigungen* (IV, 95) – für den erfahrenen Arzt keine Herausforderung. Vom Dezember 1937 an wohnte Benn in einer geräumigen Parterrewohnung in der Bozener Straße 20 im so genannten Bayerischen Viertel des Stadtteils Schöneberg (der jüdische Verlegerfreund Erich Reiss hatte sie ihm vermittelt). Anfang 1938 zog seine zweite Frau Herta von Wedemeyer ein. Es blieb seine Wohnung bis zu seinem Tod 1956, nur unterbrochen durch seine Versetzung nach Landsberg an der Warthe. Ab Ende 1938 nutzte er einen Raum als

Praxis für einige wenige Privatpatienten. Geselligkeit gab es kaum. Von den alten Freunden war nur Renée Sintenis geblieben,

Das Praxisschild in der Bozener Str. 20

andere hatten sich von mir zurückgezogen, da ich als belastet galt. Und dann war die Witwe von [Joachim] Ringelnatz da, [Leonharda] genannt Muschelkalk, die sich mit einem ungewöhnlich charmanten jungen Augenarzt [Dr. Julius Gescher] wiederverheiratet hatte. […] Wir trafen uns alle paar Wochen am Sonnabendnachmittag und schlürften [Wein] […] es waren die einzigen Stunden, wo wir lachten, schrieb Benn 1950 rückblickend in *Doppelleben.* (IV, 107)

In Berlin gingen die Angriffe seiner nazistischen Kontrahenten auf ihn weiter. Erneut diffamierten ihn ‹Kollegen›, die der SA oder der SS angehörten, als «Kulturbolschewisten» und (wegen seiner Beziehung zu Else Lasker-Schüler 1912/13) «Rasseschänder». Zwar gewährte eine Weisung des Reichsleiters der SS, Heinrich Himmler, Benn Schutz vor weiteren SS-Angriffen – er bescheinigte dem Autor, «sich seit dem Jahre 1933 und auch schon früher in nationaler Hinsicht absolut einwandfrei gehalten» zu haben[105] –, dennoch wurde Benn am 18. März 1938 aus der Reichsschrifttumskammer ausgeschlossen und erhielt Schreibverbot. Nun hatte er schon ein Jahr zuvor an Elinor Büller geschrieben: *Ich betrachte ausnahmslos u. alles, was ich irgendwo aus deutschem Gehirn gedruckt sehe, von vornherein für allerletzten Dreck.*[106] Aber die Aussicht, auf Dauer nicht nur nicht publizieren, sondern auch nicht schreiben zu dürfen, war eine neue Qualität der Repression und deprimierte ihn zutiefst.

Es kam erschwerend hinzu, dass die Wehrmacht seit Februar 1938 durch die Ausschaltung des Heereschefs Generaloberst Werner von Fritsch und die Bildung eines Oberkommandos der Wehrmacht, das Hitler direkt unterstand, dem immer wieder inkriminierten Autor nur noch sehr bedingt Schutz bot. Benns so attraktive Formel von der *aristokratischen Form der Emigration* drohte ihre Geltung zu verlieren. Immerhin, so heißt es in *Doppelleben*, die *Heeressanitätsinspektion konnte mich auch jetzt noch halten*, allerdings war *ich aus der höheren Laufbahn ausgeschlossen, konnte keine Komman-deurstellen bekommen und keine Personalfragen bearbeiten* (IV, 105).

Mit seiner Dienstaufgabe, Versorgungsgutachten zu erstellen, war Benn von den unmittelbaren Kriegsvorbereitungen der Nazis weit entfernt. Aber er wusste sehr früh, was im Gange war. Bereits am 18. September 1938 – kurz vor dem Münchner Abkommen, das den Krieg noch einmal hinauszögerte – schrieb er seiner Tochter Nele (sie war inzwischen Dänin geworden) in camouflierter Form von seinen Erwartungen: *Ich denke, am Mittwoch beginnt das, was ich dir im Sommer erzählte. Der Roman in der Zeitung, meine ich.*[107] Und ein Gedicht mit dem Titel *General*, wohl bald danach entstanden – die Nazis bekamen es zum Glück nie zu sehen –, stellt in einem virtuos gehandhabten Montageverfahren die hemmungslos aggressive Gesinnung eines Armeegenerals dar, indem es seine Ansprache an Offiziere im gängigen Jargon präsentiert.[108] Das Gedicht demonstriert, dass zumindest Insider schon vor Kriegsbeginn ahnen konnten, wohin die Reise dieser ‹sauberen› Institution Wehrmacht gehen würde: *Vernichtung! Ein Rausch die Gräben! / Wenn Sie wollen, vorher doppelte Rumration. / Hinweis auf die Feldpolizei. / Gefangene – –, Sie verstehn! Auf keinen Fall schriftlichen Befehl darüber!* (III, 426) Benn schloss mit diesem singulären Gedicht noch einmal an Texte wie *Kasino* (1912) oder *Etappe* (1915) an, als ob mittlerweile nicht ein Vierteljahrhundert vergangen wäre.

Für den Dichter und seine Frau Herta waren die ersten Kriegsjahre 1939–43 eine merkwürdig ereignisarme Zeit, vor allem deshalb, weil er aufgrund seiner Stellung und seines Alters nicht an die Front musste und schwere Bombenangriffe auf Berlin erst im Frühjahr 1943 begannen. Mit Kriegsbeginn wurde Benn zum Oberfeldarzt befördert, was dem Rang eines Oberstleutnants entspricht. Als am 11. Oktober 1939 sein Vater starb, fuhr er nach Mohrin zur Beerdigung und sah mehrere seiner Geschwister wieder.

Im Herbst des Jahres 1940 entstand seine Studie *Über Selbstmord im Heer*, mit der er sich vor allem gegen die bequeme These *S.[elbstmord] ist Feigheit* wandte, die *natürlich der Tenor* seiner Umgebung war. Seine Untersuchung machte dann offenbar bis hin zur Generalität *den größten Eindruck* (OB I, 254 f.). Ansonsten war Benn, der seinen Schreibtisch inzwischen in der Bendlerstraße beim Sitz des Oberkommandos hatte, das Milieu der Wehrmacht so fremd wie schon zuvor in Hannover: *Mit keiner Maske ist das zu verdecken, mit keinem Lächeln abzuschwächen, man ist gezeichnet u. fremd: der Gegentyp.* (OB I, 254) Ein halbes Jahr später diagnostizierte der Autor bei sich selbst *eine regelrechte klinische Depression* (OB I, 276) und reiste zu einer sechswöchigen Kur nach Friedrichroda in Thüringen. Kurz vorher, am 22. Juni 1941, hatte die Wehrmacht die Sowjetunion überfallen. Benn war von Anfang an klar, dass die ersten Siege täuschten und über kurz oder lang *die Katastrophe nahte* (OB I, 282). Lange vor Stalingrad sah er frappierend präzise voraus, dass Deutschland den Krieg verlieren, seine Gegner ihm die vollbrachten Untaten heimzahlen und Deutschland komplett besetzen würden.

Noch zweimal, im August 1941 und im Juli 1943, wurde Benns Heeresdienststelle innerhalb Berlins verlegt, bis sie im August 1943 der immer massiveren Bombenangriffe auf Berlin wegen in östlicher Richtung nach Landsberg an der Warthe evakuiert wurde. Dieses Städtchen, 70 Kilometer südöstlich von Frankfurt an der Oder (heute: Zielona Góra), mit etwa 50 000 Einwohnern, zu denen bald mehr als 20 000 Flüchtlinge aus den Ostgebieten kamen, war eine typische preußische Garnison.[109] Sie wurde nun für Benn und seine Frau zum Aufenthalt für 17 Monate. Und obwohl das Ehepaar in dem reizlosen Ort nur bescheidenen zivilen Wohnraum hatte und der Oberfeldarzt Benn die meiste Zeit in der General-von-Strantz-Kaserne verbrachte – *burgartig überragte sie die Stadt [...] unnahbar und hundertsiebenunddreißig Stufen mußte man steigen [...] eine Art Wüstenfort* (IV, 113) –, hat er diese Zeit rückblickend geradezu verklärt: *[...] zu tun war nichts mehr, ich hatte so viel Zeit wie nie in meinem Leben, las, schrieb, – eigentlich waren diese anderthalb Jahre die ruhigste und glücklichste Zeit meines Lebens.* (AB 169 [110]) Vor Ort hatte es wiederum anders geklungen: *Erbärmliches Leben hier in L.a.W.!* (OB I, 384) Gleichwohl, in dieser merkwürdigen *Arche*, aus der heraus er *keinen Ararat und Regenbogen* erblickte (II, 189), entstanden, dem Schreibverbot zum Trotz, wichtige Werke: etwa zwanzig hochkarätige Gedichte, der *Roman des Phänotyp. Landsberger Fragment*, das luzide autobiographische Prosastück *Block II, Zimmer 66* (das später in *Doppelleben* einging) und wichtige Essays.

Landsberg: Blick auf das Stabsgebäude der General-von-Strantz-Kaserne, um 1938

Nachdem Benn im Oktober 1944 wegen des grassierenden Mangels an Militärärzten noch die Funktion des kommandierenden Standortarztes von Landsberg übernehmen musste, bereitete sich schon die gesamte Garnison auf den Rückzug vor der andringenden Roten Armee vor. Am 26. Januar 1945 verließ zunächst Herta Benn die Stadt Richtung Berlin, Bozener Straße 20, wo sie auch glücklich ankam. Benn folgte zwei Tage später nach, im Schneesturm und unter Artilleriebeschuss zu Fuß bis an die Oder. *In Küstrin wurden wir in einen offenen Viehwagen verfrachtet, der uns die sechzig Kilometer nach Berlin in zwölf Stunden unter Fliegersalven zum Bahnhof Zoo brachte. [...] In der Wohnung waren dann fremde Leute, die Stuben leer, wir deckten uns mit meinem Soldatenmantel und Zeitungspapier zu, um aufzuwachen, als die Sirenen heulten.* (IV, 131) Immerhin hatte das Ehepaar es bis nach Hause geschafft – freilich in ein Berlin, das bereits im Chaos versunken war: Stromsperren, kein Telefon, immer wieder Bombenalarm. *Tags Staubstürme von den Trümmerhaufen, nachts fallen die Fensterscheiben heraus, die Ruinen heulen u. stürzen ein, Zeitzünder gehn hoch in großen Massen u. die*

Wände zittern. [...] Eine verlorene Stadt – so heißt es in einem Brief vom 19. März 1945 (OB I, 388).

Benn bestand darauf, dass seine Frau allein weiter Richtung Westen flüchtete, nach Neuhaus an der Elbe, nordwestlich von Hitzacker gelegen. Diese Entscheidung erwies sich als tragischer Fehler. Herta Benn überstand die nächsten drei Monate in dem von Engländern besetzten Ort. Als seine Übernahme durch sowjetische Truppen bevorstand, versuchte sie mit anderen die Flucht auf die andere Seite der Elbe. Offenbar half ihr niemand, sodass sie umkehrte und, völlig allein gelassen und wohl auch in der Annahme, ihr Mann sei tot, eine hohe Dosis Morphium nahm, um ihrem Leben ein Ende zu machen. Tags darauf, am 2. Juli 1945, starb sie im örtlichen Krankenhaus. Sie hinterließ keinen Abschiedsbrief, sodass die genauen Gründe ihrer Entscheidung im Dunkel liegen. Ein Kontakt zu ihrem Mann in Berlin bestand in all diesen Wochen nicht. Erst Ende Juli hörte Benn von diesem einsamen Tod, durch den sein *Leben einen endgültigen Stoß und Niederwurf erlitten* habe, *von dem ich noch nicht weiß* – so schreibt er im November 1945 an zwei alte Freundinnen –, *ob ich mich davon erholen werde u. erholen will.* (AB 95)

Im Zeichen Apollons: «Statische Gedichte» (1935–1945)

In den Jahren 1928–32 hatte sich Gottfried Benn fast vollständig der Essayistik verschrieben und öffentlich zu wirken versucht – nicht ohne Erfolg. In diesen fünf Jahren war nicht einmal ein Dutzend Gedichte entstanden, sieht man einmal von dem lyrisch disponierten Text für das Oratorium *Das Unaufhörliche* ab. Aber im Schicksalsjahr 1933 wandte sich Benn erneut der Lyrik zu. Sie steht eindeutig im Bann der folgenschweren politischen Ereignisse und ist tragisch-heroisch akzentuiert, so vor allem das ungemein pathetische *Dennoch die Schwerter halten*. Der Situation angemessener ist das Gedicht *Wo keine Träne fällt*, das, mit deutlichem Bezug zu Albrecht Dürers berühmtem Stich «Melencolia I» von 1514 – die *flügelharte/unsägliche Gestalt* (III, 151) –, die Ausweglosigkeit des Schreibenden betont. Benns Gedichte der Jahre 1933/34 führen in eine Welt von Gewalt und Tod, von Kriegern und Gezeichneten, in der die ‹gemeine Masse›, Frauen inbegriffen, keinen Platz hat: *Der soziologische Nenner, / der hinter Jahrtausenden schlief, / heißt: ein paar große Männer / und die litten tief.* (III, 182) Einsamkeit, Leiden, Sinnlosigkeit, Vergeblichkeit, *Unwiederbringlichkeit* (III, 176) – und manchmal ein trotziges Dennoch: Mit diesen Stichwörtern ist der Habitus ihres lyrischen Ichs gekennzeichnet.

Nach den Enttäuschungen des Sommers 1934 entsteht dann Anfang Oktober ein langes Gedicht, das eine Wende markiert: der vierteilige Zyklus *Am Brückenwehr* (III, 159 – 163). In den Teilen I und III erinnert sich das (eine) lyrische Ich wehmütig der Jugendzeit, des Rausches und der Schöpfungsfülle, und es bittet darum: *[...] nimm mir die Hölle, die Hülle, / die Form, den Formungstrieb, / gib mir die Tiefe, die Fülle, / die Schöpfung – gib!* Sein Alter Ego, das (andere) lyrische Ich, versucht den Flehenden gerade von diesem Begehren abzubringen und gemahnt ihn an die Fallstricke von *Rausch* und *Macht*, in die er sich begeben hatte: *Du bist ja nicht der Hirte / und ziehst nicht mit Schalmein, / wenn der, wie du, sich irrte, / ist nie Verzeihn.*

Die bitteren Erfahrungen des Dichters in den eineinhalb Jahren seiner Parteinahme für das NS-Regime kommen hier nahezu unmittelbar zum Ausdruck. Und das Vermächtnis dieses ‹anderen› Ichs ist ganz eindeutig: *[...] du bist der Formenpräger / der weißen Spur. [...] // Doch dir bestimmt: kein Werden / du bleibst gebannt und bist / der Himmel und der Erden / Formalist.* Teil IV des Langgedichts unterstreicht diese Botschaft emphatisch, indem er sich auf die Existenzform des einsam kreisenden Adlers aus Nietzsches «Also sprach Zarathustra» bezieht. Es gibt nur *die Form, den Formungstrieb*, so heißt die Devise; dieser notwendigen *Hölle* wie *Hülle* entgehen zu wollen führt in den Mahlstrom rauschhafter Macht und bleibt nicht ungestraft – wie dem Autor im Jahre 1933 geschehen.

In den Gedichten der nächsten Jahre tritt eine deutliche Sänftigung, eine wohltuende Rücknahme des stählern-heroischen Gestus von 1933 / 34 ein. Die Grundhaltung bleibt: *Niemals im Glücke, selten mit Begleiter, / meistens verschleiert [...]. (Das Ganze*; III, 179) Aber der Dichter vermag sich jetzt auch gelassen Naturphänomenen und Stimmungen jenseits totaler Düsternis und Verhärtung zuzuwenden. So entstehen großartige Gedichte wie *Astern, Anemone, Tag, der den Sommer endet* und *Valse triste* (zuerst: *Prolog*) – tatsächlich nahe an dem vom lyrischen Ich proklamierten Zustand des *[S]elbsterlöst*-Seins (III, 136).

In einem Brief an F. W. Oelze vom Oktober 1935 aus Hannover hat Gottfried Benn einmal das Militär als *ungetarntes Symbol des Lebens* bezeichnet, wie es nun einmal war und bewältigt werden musste: *Kelter! Dies Zusammenpressen der Existenz auf den Begriff: Dienst, Härte, Gehorsam [...].* (OB I, 76 f.) Das war schon einmal, zwischen 1906 und 1917, seine Lebenswelt gewesen. Wie damals war es auch jetzt, von 1935 bis 1945, Fluch und Halt zugleich.

Interessant ist das Bild der *Kelter* im Blick auf den neuen Typus von Gedichten, die jetzt, vermehrt im Jahre 1936 und dann wieder 1941 und 1943, entstehen. Es bringt zum Ausdruck, dass es um Vorgänge der Verdichtung und Verfeinerung geht, an deren Ende etwas Großes steht: ein rassiger Wein, geformte Menschen – oder eben das durchgeformte Kunstwerk. Gottfried Benns Passion für das Wunder der dichterischen Form, für die *Ausdruckswelt* ist, so steht zu vermuten, in hohem Maße seiner Prägung durch das Militär als Lebensform geschuldet. Dominierte in seinem Frühwerk noch der Gestus der Formsprengung bis in Zustände des dionysischen Rauschs und der Ekstase hinein, so regiert jetzt eindeutig das Gesetz der beruhigten, der strengen Form. Benns Dichtung wird statisch. So sagt schon 1936 die letzte Strophe von *Wer allein ist* –:

> *Ohne Rührung sieht er, wie die Erde*
> *eine andre ward, als ihm begann,*
> *nicht mehr Stirb und nicht mehr Werde:*
> *formstill sieht ihn die Vollendung an.* (III, 135)

Benn hat Goethe zeit seines Lebens fast unbedingt verehrt – aber hier trennt er sich explizit von einer zentralen Maxime des Meisters:

> «Und so lang du das nicht hast,
> Dieses: Stirb und werde!
> Bist du nur ein trüber Gast
> Auf der dunklen Erde.»[III]

Der moderne Dichter hat die fatalen Folgen von allzu viel ‹Bewegung› bis hin zum besinnungslosen Rausch, zu einem perversen «Stirb und Werde», am eigenen Leib erfahren. Die Konsequenz des gebrannten Kindes heißt: Abschied von der dionysischen Rauschkunst. Die Karyatide, jene anmutige Stützfigur griechischer Tempel, an die einst, im Jahre 1915, die Weisung ergangen war: *Entrücke dich dem Stein! Zerbirst / Die Höhle, die dich knechtet! Rausche / doch in die Flur [...]* (III, 45), erhält strikten Befehl, gleichsam in den Stein zurückzukehren, wieder Statue, ‹statisch› zu werden. *Form nur ist Glaube und Tat, / die erst von Händen berühr- ten, / doch dann den Händen entführten / Statuen bergen die Saat*, konstatiert ein Gedicht, das umgekehrt das ungeformte *Leben* als *niederen Wahn* in die Schranken weist. (III, 134)

Voller sehnsüchtiger Melancholie wird der für den Sprecher absolute Gegensatz von *Leben* (als dem *Glück* der anderen, der Durchschnittsmenschen, *im Rausch der Dinge*) und *Geist* (als Synonym für *Form* – und damit *Gegenglück*) im Gedicht *Einsamer nie –* formuliert. *Dein ist der Traum, das Täuschen* (III, 169) – so wird einmal diese neue Ausdruckskunst charakterisiert, und damit in Wendungen, die wortwörtlich mit Nietzsches Zeichnung des Apollinischen als «Traumkunst», «Schein» und «Täuschung» in seiner Schrift «Die Geburt der Tragödie» übereinstimmen.[112] Freilich, das Ich weiß, dass sein *Gegenglück* einsam ist, dass es *den Traum allei- ne tragen* (III, 138) und das von ihm *vertretene Reich* im Gegensatz zum Dritten Reich der Nazis ohne *Sieg und Siegsbeweise* auskommen muss.

Einsamer nie –

Einsamer nie als im August:
Erfüllungsstunde – im Gelände
die roten und die goldenen Brände,
doch wo ist deiner Gärten Lust?

Die Seen hell, die Himmel weich,
die Äcker rein und glänzen leise,
doch wo sind Sieg und Siegsbeweise
aus dem von dir vertretenen Reich?

Wo alles sich durch Glück beweist
und tauscht den Blick und tauscht die Ringe
im Weingeruch, im Rausch der Dinge –:
dienst du dem Gegenglück, dem Geist.

(III, 140)

Überschaut man die mehr als fünfzig Gedichte Benns, die zwischen 1935 und 1945 entstanden sind, dann bestätigt sich, dass der Autor seine poetologischen Prinzipien und damit auch seine Strategie des *Doppellebens* weitgehend durchgehalten hat, von einem Ausnahmegedicht wie *General* abgesehen. Das gilt für die sieben aufschlussreichen *Biographischen Gedichte* aus dem Jahre 1941 ebenso wie für den großen Schub bedeutender Lyrik aus dem Jahre 1943, zu dem auch das merkwürdige Gebilde *Statische Gedichte* gehört – eine Art Lehrgedicht, das der ganzen Nachkriegssammlung den Titel gegeben hat (III, 236). Dieser Text – ohne festes Metrum, ohne Reim, ohne ein klares Strophenschema – formuliert gelassen-souverän eine Haltung zur Welt, die nicht zufällig an fernöstliche Weisheit erinnert. Beobachten und Gewährenlassen heißt die Devise. Wiederum ist es Friedrich Nietzsche, von dem Benn ausgeht, diesmal der Ansatz des «Perspektivismus», mit dem dieser sich dem Irrglauben abschließender Erkenntnis und Objektivität entgegenstellte: Die Welt «hat keinen Sinn hinter sich, sondern unzählige Sinne ‹Perspektivismus›».[113] Das bedeutet Vielfalt und Reichtum, aber jenseits von Sinn und Ziel. Die Antworten auf die beiden latenten Fragen des Gedichts: *wohin* soll das alles führen? und *für wen* das alles?, sind klar: nirgendwohin, und für nichts und niemanden. Dem entspricht ein ästhetisches Programm jenseits bedeutungsschwerer Aussagen oder gar operativer Zielsetzung: *Linien anlegen, Ranken sprühen.* «Denn nur als

ästhetisches Phänomen ist das Dasein und die Welt ewig gerechtfertigt» – dieser Nietzsche-Satz gilt für Benn ungebrochen, auch wenn der Autor mittlerweile fast die sechzig erreicht hat. Dem Perspektivismus huldigt er auch darin, dass er nicht e i n e lyrische Form bevorzugt wie in früheren Schreibphasen, sondern sich eine große Vielfalt gestattet: liedhafte vierzeilige Reimstrophen und die vertrauten Achtzeiler ebenso wie lockere prosanahe Gebilde.

Bedenkt man, dass ein großer Teil der *Statischen Gedichte* mitten im Krieg geschrieben wurde (und

Ausgabe im Verlag der Arche, 1948

Benn war aufgrund seiner militärischen Stellung gut informiert über die Gräueltaten bis hin zum Massenmord an den Juden), dann kann einem doch der Atem stocken angesichts der weltfernen Haltung, in die hinein der Autor sein lyrisches Ich stilisiert.

Ein einziges Gedicht sprengt diesen Rahmen. Es trägt den Titel *Monolog*. Das erste Typoskript ist auf den 20. April 1941 – Hitlers Geburtstag – datiert. In den ersten Langstrophen rechnet Benn kaum verhüllt mit dem verbrecherischen Naziregime ab. *Den Darm mit Rotz genährt, das Hirn mit Lügen – /erwählte Völker Narren eines Clowns* – so setzt das Gedicht ein und bilanziert: *Hier kehrt das Maß sich um:/Die Pfütze prüft den Quell, der Wurm die Elle,/die Kröte spritzt dem Veilchen in den Mund/– Halleluja! – und wetzt den Bauch im Kies:/Die Paddentrift als Mahnmal der Geschichte!/Die Ptolemäerspur als Gaunerzinke,/die Ratte kommt als Labsal gegen Pest./Meuchel besingt den Mord.[...]*Der Autor macht sich damit das Verfahren des Schmähgedichts zu Eigen, das auch in der Exillyrik – von Brecht bis zu Georg Kaiser und Rudolf Borchardt – zu finden ist.[114] Sein Entstehungsgrund ist Verachtung, Hass und Wut, und das macht es so sympathisch wie hilflos. Benns *Monolog* reflektiert denn auch im Fortgang die ausweglose Lage. *Sterben* (das meint hier: Selbstmord) und *Handeln* (sprich: aktiver Widerstand gegen die nazistische Mörderbande) werden erwogen – und wieder verworfen. Was am Ende bleibt, ist, kaum überraschend, *ein Lied* als alleinige *Geburt des Seins*. Es besteht fort, wenn der *Tiere Abart [...] faulen* wird. (III, 226–228)

Das seit 1938 bestehende Schreib- und Publikationsverbot machte es unmöglich, den lyrischen Ertrag dieser Jahre zu veröffentlichen, von dem Gedicht *Monolog* ganz zu schweigen, das dem Autor bei Bekanntwerden mit Gewissheit einen KZ-Aufenthalt eingebracht hätte. Insofern ging Benn ein hohes Risiko ein, als er im August 1943 einen Privatdruck mit dem Titel *Zweiundzwanzig Gedichte (1936–1943)* veranstaltete, der auch *Monolog* enthielt und immerhin mit einer Stückzahl von etwa 100 aufgelegt wurde. Es sollte sein einziger Druck von Gedichten bis zum Jahr 1948 bleiben.

So wie Gottfried Benn in der Lyrik seit 1934/35 seine Haltung zur Welt wie auch seine Ästhetik umbaut, so sind auch seine Prosaarbeiten des Jahrzehnts 1935–45 Revisionen. Es entstehen meh-

rere Essays, die als regelrechte Gegentexte zu den um 1933 entstandenen gelesen werden können. Am deutlichsten zeigt das,
schon im Titel, der Essay *Züchtung* aus dem Jahre 1940 (in Wellershoffs Werkausgabe «Züchtung II» genannt; I, 295–298), mit dem
Benn auf seinen ersten Essay dieses Titels von 1933 antwortet. Indem der Autor Nietzsches fragwürdigen Züchtungsideen den Pro-
zess macht, rechnet er mit sich selbst ab. Die nazistische *Rassezüchtung als Politik* nennt er in erfrischender Klarheit *die Kinderliebe
von Kidnappern* (I, 296 f.). Meisterstücke der aggressiven Polemik,
aber auch der hellsichtigen Analyse sind vor allem die Essays
Kunst und Drittes Reich (1941) und *Zum Thema Geschichte* (1943). In
beiden gießt Benn Hohn und Spott über die Naziführer und ihre
perversen Ideen zur Kultur, *ihr ästhetisches Sing-Sing* (I, 317), aus.
Die Parallelen des 1941 entstandenen Essays zu dem Schmähge-
dicht *Monolog* sind schlagend.

An Schärfe überboten wird alles durch den Aufsatz *Zum Thema
Geschichte*. Der Autor erteilt hier jeglicher positiven Geschichts-
erwartung und Hoffnung auf ‹Bewegung› und ‹Entwicklung› eine
strikte Absage (damit ist er dem gleichzeitigen Text *Statische Gedichte* ganz nahe), und er rechnet radikal mit den Mitläufern der nationalsozialistischen Mord- und Ausrottungspraxis ab: *[...] sie alle
ausnahmslos sehen die Lastwagen, auf die jüdische Kinder, vor aller
Augen aus den Häusern geholt, geworfen werden, um für immer zu verschwinden [...].* (I, 377) Ganz ähnlich wie Thomas Mann im fernen
Kalifornien hielt er es für Selbstbetrug, die Naziverbrechen nur
einigen wenigen Bestien anzulasten und die Bevölkerung als ganze
freizusprechen: *Nein, man muß bekennen, es waren nicht die Bestien, es
war Deutschland, das in dieser Bewegung seine Identität zur Darstellung
brachte [...].* (I, 379) Benns Nachkriegsverleger Max Niedermayer
und Freund Oelze in Bremen hielten noch 1949 dafür, dass man diesen Text den Deutschen nicht zumuten könne, sodass er zu Lebzeiten Benns ungedruckt blieb und erst 1959 das Licht der Öffentlichkeit erblickte.

In Landsberg hatte der Dichter die Muße, an einem Prosatext
zu arbeiten, der, nach *Doppelleben*, sein längster werden sollte:
Roman des Phänotyp. Landsberger Fragment. Er hat ihn selbst bis an
sein Lebensende hochgehalten – vielleicht, weil er sich in ihm am
ehesten dem Ziel *absoluter*, nur peripher inhaltsbezogener Prosa

angenähert hat. Es handelt sich um alles andere als einen landläufigen Roman, vielmehr um einen *Roman nach Innen*, ohne *Chronologie u. Psychologie* (OB I, 360, 364), einen *Roman im Sitzen; ein Held, der sich wenig bewegt, seine Aktionen sind Perspektiven, Gedankengänge sein Element. Das erste Wort schafft die Situation, substantivische Verbindungen, die Stimmung, Fortsetzung folgt aus Satzenden, die Handlung besteht in gedanklichen Antithesen* (II, 182) – man ist an Benns Poetologie des *Lyrischen Ich* von 1927 (IV, 11–14) erinnert.

Mit *Phänotyp* meint der Autor das symptomatische Individuum seiner Zeit, seiner Generation. Es ist der Antityp des entwicklungsfreudigen, ‹fortschrittlichen›, borniert-rationalistischen Ichs, das er seit drei Jahrzehnten gering schätzt; ein Ich der *Verneinung*, der *Ambivalenz*, der *Statischen Metaphysik*, ohne Standpunkt, ohne Bezug zur Geschichte, *existentiell* (OB I, 361), und nicht das *unmittelbare Erleben*, sondern allein *die Bilder, ihr unerschöpflicher, beschirmter Traum*, haben Geltung (II, 172). Die Schlüsselwörter von Benns Botschaft heißen ein weiteres Mal *Stil, Kunst, Ausdruck schaffen* (II, 164). Das ist die Devise, mit der er, bei aller äußeren Dramatik und Bewegtheit seines Lebens zum Kriegsende 1945 hin, in die unbekannte neue Epoche eintritt.

«HERR OELZE AUS BREMEN»

Gottfried Benn hat drei Ehen geführt, die jeweils ein knappes Jahrzehnt währten. Es gab langjährige Beziehungen zu anderen Frauen und einige wenige Freundschaften, die die Zeiten überdauerten, so zu Erich Reiss oder Thea Sternheim. Aber keine andere Beziehung hat ein Vierteljahrhundert lang sein Leben so tief geprägt und gleichzeitig getragen wie diejenige zu dem Bremer Kaufmann Friedrich Wilhelm Oelze. Der Autor hat das selbst so gesehen: *Dann die Frauen! Sie traten ein in mein Leben, in eine bestimmte Periode meines Lebens, und dann schieden sie wieder aus. […] Es gibt keine Kontinuität menschlicher Art in meinem Dasein – ausser den blauen Briefen von Herrn Oe seit 18 Jahren.* (OB II/2, 66) Es war tatsächlich im Wesentlichen eine Beziehung in Briefen, eine ‹entfernte› Freundschaft, die bis zum Ende nicht über die Anrede ‹Sie› hinauskam. 749 Briefe Benns liegen gedruckt vor (das sind nicht alle vorhandenen), und Oelze dürfte mindestens ebenso viele geschrieben haben (die aber nur in Auszügen bekannt sind[115]). Oelze war es, der

Benn zumal in der Nazizeit *brieflich hoch- und wachhielt und in jenen Jahren Balsam in meine Schrunden träufelte* (IV, 170).

F. W. Oelze (1891–1978) stammte aus einer so angesehenen wie begüterten Bremer Kaufmannsfamilie und war nach dem Kriegsdienst, der ihn zutiefst schockiert hatte, und juristischer Promotion 1920 selbst kaufmännisch tätig, u. a. im Rumimport und als aktiver Teilhaber in verschiedenen Import-Export-Firmen. Zweifelsohne war er ein Bildungsbürger par excellence, dabei eine elegante, ja dandyhafte Erscheinung – die Verkörperung von Kultiviertheit und Stil, wie sie schon in den dreißiger Jahren kaum noch existierten. Es ist nicht zuletzt das Hanseatisch-Patrizische, dem von Benn so bewunderten Aristokratischen eng verwandt, das den Autor bei seinem Bremer Gegenüber sehr bald in Bann geschlagen hat, weil es ihm selbst von Kind an verwehrt geblieben war. Überdies verfügte Oelze über Eigenschaften, die ihn für Benn zum idealen (Brief-)Freund machten, gerade in den Zeiten der kulturfeindlichen Nazidiktatur: Er war absolut vertrauenswürdig, integer und verschwiegen – und gegenüber dem NS-Regime ebenfalls zu Beginn anfällig, aber sehr bald strikt ablehnend. Er war hochsensibel, belesen und intelligent – im Grunde selbst ein verhinderter Schriftsteller – und zugleich Benn gegenüber immer bescheiden. Nie zeigte er Neigung, den verehrten Freund, dessen Dichtungen und bald auch Briefe er wie eine «Offenbarung» las[116], übertrumpfen zu wollen. Überdies war er nobel und großzügig (auch als Mäzen der Kunsthalle Bremen) und beschenkte Benn über die Jahre regelmäßig, ohne ihn durch seine Gaben zu demütigen.

So konnte F. W. Oelze gleichsam zum hanseatischen Eckermann Benns wie auch zu seinem wirklichen Intimus werden. Nach dem stockenden Anfang im November 1932 (Oelze hatte ihm in seinem ersten Brief Bewunderung für den Goethe-Essay gezollt) ging der Dichter bald dazu über, ihm auch private Dinge in überraschender Offenheit anzuvertrauen. Es kam zu (meistens von Oelze herbeigeführten) Begegnungen – in Berlin, Hannover und seit 1951 in Bremen, aber sie waren nicht entscheidend. Das allein Gültige war der Briefwechsel, der auch über die Klippen der Postzensur, der Kriegs- und Nachkriegswirren hinweg erstaunlich gut funktionierte. Schon im Juli 1935 schrieb Benn an Oelze, er fange an, sein *Gewissen zu werden* (OB I, 57) – und so war es auch. Mittelbar hat Oelze an Benns Texten seit 1935 als Koautor mitgeschrieben. Gerade in einer Zeit, als Benn kaum ein anderes Publikum hatte, hielt er des Autors Schöpferkraft am Leben und löste eine literarische Produktivität aus, der einige der wichtigsten Werke Benns zu verdanken sind. Als die neu entstehenden Texte des Dichters durch das Schreibverbot, später zusätzlich durch die Bombenangriffe gefährdet waren, bot Oelze ihnen ein schützendes Obdach. In vielen Fällen schickte Benn die ge-

Friedrich Wilhelm Oelze

tippten Reinschriften an Oelze – und behielt selbst nicht einmal eine Kopie zurück. Noch am 25. August 1944 hatte der Autor dem Freund von Landsberg aus die neuesten Texte, getarnt als *Nachlass von Oberarzt Rönne, der bei Stalingrad fiel* (OB I, 370), zugesandt. So entstand in den wechselnden Häusern Oelzes nach und nach ein einmaliges Werkarchiv, ohne das heute wichtige Texte Benns gänzlich verloren wären. Nach 1945 leistete der Bremer Freund entscheidende Hilfe, als es um des Dichters schwieriges *Combak* ging (wie dieser, des Englischen nicht mächtig, am 29. April 1947 an Oelze schrieb; OB II/1, 76).

Gewiss, es gab auch – selten – Verstimmungen und Entfremdungen in 24 Jahren Brieffreundschaft. Benn fand die Tröstungsversuche des hanseatischen Bildungsbürgers manchmal *bürgerlich mulmig* (OB I, 86), auch tadelte er seinen allzu konventionellen *Bremer Ästhetizismus* (OB II/2, 30) à la Rudolf Alexander Schröder und Rudolf Borchardt (dessen Frau eine enge Freundin von Oelzes Frau war). Was bleibt, ist ein im deutschen Geistesleben des 20. Jahrhunderts einmaliger Fall von produktivem Dialog – und das bei einem Dichter, der gern auf das rein Monologische festgelegt wird.

«Der Ptolemäer» als Lebensform

Nach seiner Rückkehr in das ständigen Bombenangriffen ausgesetzte und alsbald auch umkämpfte Berlin Ende Januar 1945 war Gottfried Benn offiziell noch seiner verlegten Dienststelle zugeordnet, aber von geregeltem Dienst konnte nicht mehr die Rede sein. Für Oberst Dr. Benn verlief der Krieg gewissermaßen im Sande: keine Deaktivierung, aber auch nicht Gefangenschaft oder Schlimmeres. Benn wartete einfach ab, bis der Krieg zu Ende war. Seit Ende April 1945 waren in seiner Wohnung Rotarmisten einquartiert; gelegentlich behandelte er auch sowjetische Armeeangehörige ärztlich. Das war verboten, aber die Hilfesuchenden zwangen ihn dazu, nicht ohne ihn die verschriebene Medizin vor ihren Augen zuerst selbst einnehmen zu lassen.

Anfang Juli übernahmen die Westalliierten den Süden und Westen Berlins, und damit auch den Stadtteil Schöneberg. Benn verfügte nun wieder frei über die nach Bombenschäden notdürftig instand gesetzte Wohnung. Offenkundig lief seine Praxis für Venerologie bereits im Herbst 1945 wieder so, dass er sein Auskommen hatte. Chaotische Kriegs- und Nachkriegszeiten waren seit je von einem Aufblühen der Geschlechtskrankheiten begleitet, wie Benn gut wusste.

So begann ein neuer Lebensabschnitt. Er gab Benn zwar die bürgerlichen Freiheiten und ein ziviles Dasein zurück, brachte aber vor allem Not und Entbehrungen – und quälende Einsamkeit, seitdem den Autor im Juli die Nachricht vom Tod seiner Frau erreicht hatte. Noch seine erste neue größere Prosaarbeit, *Der Ptolemäer. Berliner Novelle, 1947*, setzt mit einer eindrucksvollen Schilderung des Elends in den ersten beiden Nachkriegsjahren ein: *Ein bösartiger Winter geht zu Ende, ein fortwährend rückfälliger […], ein wahrhaft maligner Winter, dem alle Opfer an Möbelrudimenten, Kinderwiegen, Trümmerresten vergeblich fielen, der die Felle, die das Lebendige schützen sollten, mit 20° vier Monate lang blutig riß. –*

*Wölfe an der Oder, Adler in den Müggelbergen! Ein Winter in der Be-
satzungszeit!* (II, 205) Benn lässt dann den Ich-Erzähler seiner *Berliner Novelle* ein erbeutetes Maschinengewehr *auf die Annäherungs-
straße* richten und *alle Verdächtigen* abschießen.

So weit ging es im wirklichen Leben des Autors nicht, aber es
war schlimm genug. Als die Tochter Nele Soerensen, zu der Zeit
Kriegskorrespondentin in dänischer Uniform, den Vater im Frühjahr 1946 in Berlin besuchte, war sie erschüttert über sein Aussehen: «Da stand er, völlig verändert. Mein Vater war doch seit seinem dreißigsten Jahr immer vollschlank – dick wollen wir nicht
sagen. Er war immer ein kleiner, breiter Mann von sehr gesundem
und wohlgefüttertem Aussehen. – An diesem Aprilnachmittag
1946 aber stand in der Tür ein ganz kleiner, dünner Mann, der viel,
viel älter aussah als seine bald sechzig Jahre. Seine Augen waren
von schwarzen Rändern umgeben und lagen tief in den Höhlen.
Ich mußte weinen. Er sah unheimlich aus.»[117]

Berlin bei Kriegsende, 1945

Im September 1945 war Gottfried Benn zum Grab seiner Frau Herta nach Neuhaus an der Elbe gereist. Seine tiefe Erschütterung fand ihren Ausdruck in dem ergreifenden Gedicht *Orpheus' Tod*. Doch das Leben ging weiter. Die Korrespondenzen mit alten Freunden wie Erich Reiss, Gertrud Zenzes (beide in den USA), Thea Sternheim (in Paris) und Tilly Wedekind (zuerst in Zürich, dann in Bayern) belebten sich aufs Neue. Und auch in Berlin bahnten sich nach und nach für den Autor erfreuliche Beziehungen an – die erfreulichste gewiss seine Verbindung mit der jungen Zahnärztin Dr. Ilse Kaul. Er hatte sie im Sommer 1946 kennen gelernt, als sie zu einer vorgeschriebenen Typhus-Schutzimpfung in seine Praxis gekommen war. Am 18. Dezember desselben Jahres fand die kirchliche Trauung beider statt. Der Autor hatte, wie er drei Jahre später schrieb, *noch in späten Jahren, nach viel Unglück und Tod und Trauer in dieser Richtung, eine dritte Frau, eine Generation jünger als ich*, gefunden, *die nun mit zarter und kluger Hand die Stunden und die Schritte und in den Vasen die Astern ordnet*. (IV, 170)

Ilse Benn verlegte bald nach der Heirat ihre – sehr erfolgreiche – Praxis in die Bozener Straße 20 und blieb bis zum Tod des Autors an seiner Seite. Von morgens 9 Uhr bis abends 19 Uhr, nur durch eine längere Mittagspause unterbrochen, arbeiteten beide diszipliniert in ihren Praxiszimmern. Nach «unserem kurzen Abendgang saß er meist am Schreibtisch des gemeinsamen Wohn-Schlafzimmers» und schrieb «mit einem Kugelschreiber fieberhaft in ein schwarzes Heft, ohne abzusetzen».[118] So füllten sich allein von 1945 bis zu Benns Tod etwa 70 Arbeitshefte – in der Regel Ärztekalender – mit Entwürfen und ersten Fassungen vor allem von Gedichten, die die Forschung noch lange beschäftigen werden.

Gottfried Benn war Anfang der dreißiger Jahre ein Autor mit europaweitem Ruhm gewesen. Diesen Ruhm hatten die Nazis mit ihren Maßregelungen und dem Publikationsverbot des Jahres 1938 gekappt. Und wie sehr sich der Autor in den ersten Nachkriegsjahren auch dabei aufrieb, den Alltag zu bewältigen, so beschäftigte ihn doch kaum etwas mehr als seine Rückkehr auf die Bühne der Literatur. Die zahlreichen brieflichen Äußerungen, in denen er betont verächtlich von der literarischen Öffentlichkeit im besetzten und bald geteilten Nachkriegsdeutschland spricht, weisen, genau gelesen, in die gleiche Richtung.

Zunächst beunruhigte ihn vor allem die zu erwartende Rückkehr der literarischen Emigranten. Einst, im Mai 1933, hatte er sie als luxurierende *Troubadoure des westlichen Fortschritts* verhöhnt, die es versäumt hätten, *den ihnen so fremden Begriff des Volkes [...] erlebnismäßig [...] in sich wachsen zu fühlen.* (IV, 242 f., 240) Mittlerweile war Benn dieses ‹Wachstum› des deutschen Volkes längst suspekt geworden. Bereits im März 1945 entstanden unter der aparten Überschrift *Willkommen den literarischen Emigranten* erste Aufzeichnungen zu diesem Thema, die einerseits das schlechte Gewissen des Autors erkennen lassen – und andererseits ein hartnäckiges Festhalten an seinem Dagebliebensein als der einzig richtigen Haltung. *Trotzdem sage ich auch heute ja dazu, dass ich hier geblieben bin und versucht habe, das Deutschland, in dem ich gross geworden bin, noch einmal zu verstehen. [...] Ein ‹vergeblicher› Versuch [...] – teuer bezahlt!* (SW VII/2, 125) Im Weiteren wirft Benn den Emigranten vor, schon vor 1933 versagt und somit ihr eigenes Unglück verschuldet zu haben. Offenbar erwartet er sich nichts Gutes von den Rückkehrern: *Behandeln Sie uns wie Hunde, beweisen Sie Ihr Rechthaben u ‹Ihr in 3 Weltteilen vertretenes› Besserwissen/Superiorität durch Ausmerzen und Verderben* – und schließt mit dem Pathos dessen, der sich in die Nachfolge Christi stellt[119]: *Sie haben sicher viel gelitten, aber am Kreuz hingen wir u der Essig war in unserm Schlunde.* (SW VII/2, 126) In einem Brief vom 19. März 1945, in dem er Oelze sein Willkommens-Vorhaben schildert, bekräftigt er noch einmal: *Wer über Deutschland reden u. richten will, muss hier geblieben sein.* (OB I, 388)

Tatsächlich kehrten nur wenige exilierte Schriftsteller in das westliche Deutschland zurück. Viele gingen in die Sowjetische Besatzungszone, und außer Alfred Döblin, der seit 1946 als Zensurbeauftragter der französischen Militärregierung in deren Besatzungszone tatsächlich jede Publikation Benns erfolgreich verhinderte, ist kein weiterer Fall einer gegen den Autor gerichteten Einflussnahme von Emigranten bekannt. Gleichwohl war Benn auf obskure *schwarze oder graue Listen* alliierter Behörden auch in den Westsektoren und -zonen geraten, die dazu führten, dass er erst nach vier Jahren, im Frühjahr 1949, wieder zu einem offiziellen (west-)deutschen Autor wurde.

Die Situation in den Jahren 1945–48 war ungemein schwierig.

Mehrere Verleger – zuerst, schon Ende 1945, der Berliner Karl Heinz Henssel, dann Eugen Claaßen vom Goverts Verlag sowie Ernst Rowohlt und Peter Suhrkamp höchstpersönlich, schließlich der junge Max Niedermayer – nahmen Kontakt mit Benn auf und bemühten sich um die Erteilung von Lizenzen. Immerhin waren mittlerweile in Zeitungen wohlwollende Würdigungen des inzwischen Sechzigjährigen erschienen, und die Kulturzeitschrift «Merkur», die rasch zu Renommee gekommen war, öffnete sich dem Dichter. Den Durchbruch brachte die Entscheidung des Schweizers Peter Schifferli, in seinem Zürcher Arche-Verlag Benns lyrischen Ertrag aus den Jahren 1935–1945/48 herauszubringen. Er erschien 1948 in dem Band *Statische Gedichte* und wurde rasch zu einem großen Erfolg. Aber noch in seinem *Berliner Brief*, geschrieben im Juli 1948 und im Februar 1949 im «Merkur» veröffentlicht, hatte Benn Anlass, sich über sein Nichtvorhandensein in der Öffentlichkeit zu verwundern, obwohl doch sein (das Verhalten in der Nazizeit betreffender) *Fragebogen in Ordnung* sei. Mit beißend sarkastischen Wendungen (die er vorher brieflich mehrfach ausprobiert hatte) mokierte er sich über seine Ablehnung aus allen politischen Lagern.

Der Ruhm hat keine weißen Flügel, sagt Balzac; aber wenn man wie ich die letzten fünfzehn Jahre lang von den Nazis als Schwein, von den Kommunisten als Trottel, von den Demokraten als geistig Prostituierter, von den Emigranten als Renegat, von den Religiösen als pathologischer Nihilist öffentlich bezeichnet wird, ist man nicht so scharf darauf, wieder in diese Öffentlichkeit einzudringen.
Berliner Brief, Juli 1948 (IV, 280 f.)

Ironischerweise betrat Benn mit ebendiesem Text wieder das literarische Feld, in dem er von Beginn an eine entschiedene Frontstellung zu *dem hündischen Kriechen* der deutschen *Intelligenz vor den politischen Begriffen* bezog (IV, 282). Damit erneuerte er seine altbekannte, nur zwischen 1928 und 1934 unterbrochene Außenseiterposition. Nach dem in diesen Jahren gründlich misslungenen Versuch, sich zu «resozialisieren» und am Ende auch politisch einzuordnen, verweigerte er sich weiteren Unternehmungen dieser Art kategorisch.

Zwei ganz unterschiedliche Prosatexte stehen für diese Haltung: *Der Ptolemäer. Berliner Novelle* (entstanden 1947, publiziert 1949 zusammen mit *Der Roman des Phänotyp* und *Weinhaus Wolf*) und die Autobiographie *Doppelleben*. In der Erzählung, die in die trostlose Trümmerlandschaft der unmittelbaren Nachkriegszeit führt und die zivilisatorische Verwahrlosung in ihr grell ausleuchtet, gestattet Benn sich eine fast konventionelle Mittelpunktsfigur. Der *Geschäftsbetrieb* dieses Mannes ist ein *Schönheitsinstitut einschließlich Krampfadern* – freilich aufgrund der desolaten Lebens- und Wirtschaftslage *längst zum Erliegen gekommen*. Doch dem Inhaber des Salons *Lotosland*, der zweifellos für seinen Erfinder steht, macht dies wenig aus. Er kultiviert die Welthaltung des Ptole-

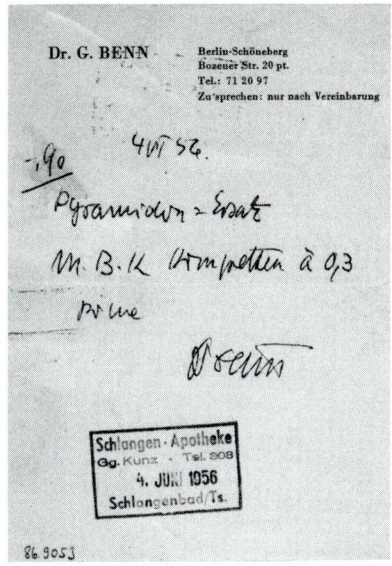

Rezept von Dr. Benn

mäers: *Nein, ich bin kein Pessimist – woher ich stamme, wohin ich falle, das ist alles überwunden. Ich drehe eine Scheibe und werde gedreht, ich bin Ptolemäer.* (II, 256)

Benn geht es um die gleichsam *antiphysikalische Haltung* (OB II/1, 98) eines Menschen, der, das heliozentrische Weltbild bewusst ignorierend, sich als elitärer Artist selbst zum Mittelpunkt der Welt macht. In einer Situation, in der *das Intellektuelle [...] hoffnungslos, die Humanität ohne Gehäuse* ist (II, 208), erscheint – mit Nietzsche, wieder einmal – «das Dasein ewig nur als ästhetisches Phänomen gerechtfertigt». Dem folgt das Glaubensbekenntnis des *Glasbläsers*, als der sich der Ptolemäer definiert: *Erstens: Erkenne die Lage. Zweitens: Rechne mit deinen Defekten, gehe von deinen Beständen aus, nicht von deinen Parolen. Drittens: Vollende nicht deine Persönlichkeit, sondern die einzelnen deiner Werke. Blase die Welt als Glas, als Hauch aus einem Pfeifenrohr [...].* (II, 232)

Gottfried Benn hat im Lauf der Jahrzehnte viele Texte geschrieben, in denen er sich selbst gleichsam ein Daseinsprogramm, eine Lebensform verordnet hat. In keinem anderen kommt diese Funktion so unmittelbar – und brillant – zum Ausdruck wie in *Der Ptolemäer*. Am Ende ist es eine weitere Version der Konzeption *Doppelleben*: hier *Das Leben – dies Speibecken, in das alles spuckte, die Kühe und die Würmer und die Huren* (II, 214) – und dort die Kunst, *die Welt als Glas*.

Ein ganz anderer Text ist die «Montageautobiographie»[120] *Doppelleben*, deren Untertitel *Zwei Selbstdarstellungen* bereits auf ihre Disparatheit hinweist. Ihr erster Teil heißt *Lebensweg eines Intellektualisten*, stammt aus den Jahren 1933/34 und erschien, mit dem Untertitel *Autobiographisches Fragment*, als letztes Stück des Essaybandes *Kunst und Macht* noch 1934. Ihr zweiter Teil ist die Prosasuite *Doppelleben*, deren Titel Benn dann auch über das Ganze setzte. Sie ist in der Hauptsache 1949 geschrieben (der literarisch beste Abschnitt *IV. Block II, Zimmer 66* über die Zeit in Landsberg entstand bereits 1944). Die Zusammenstellung der beiden Texte ist unübersehbar von Benns Wunsch motiviert, sich vor der – doch so verachteten – Öffentlichkeit zu rechtfertigen. Der nur wenig veränderte Abdruck des Textes von 1934 sollte zeigen: Seht her, ich habe mir (fast) nichts vorzuwerfen – und ich stehe zu dem, was ich damals geschrieben habe. Und tatsächlich, Benns *Lebensweg eines Intellektualisten* war damals, trotz einiger Zugeständnisse an den Zeitgeist, ein Bekenntnis zur radikalen Destruktivität, zum Expressionismus als der Mission seiner Generation. Schon der programmatische Gebrauch des Wortes «Intellektualist» im Titel war 1934 tollkühn, wurden doch nach der gängigen Sprachregelung vor allem «artfremde» jüdische Intellektuelle so bezeichnet.

Komplementär dazu zeigt der zweite Teil *Doppelleben* diesen sich treu gebliebenen Intellektualisten als Verfolgten, als Leidenden – und überdies als den wahren Emigranten, so, wenn der Autor «rhetorisch geschickt den Eintritt [in die Wehrmacht] nach dem Muster einer Emigration bei Nacht und Nebel»[121] gestaltete: *Also mußte ich meine Praxis aufgeben, meine Wohnung in Berlin, meine materielle Grundlage und ins Ungewisse ziehen.* (IV, 94) Vor allem aber gelang es Benn, sich einer kritischen Beurteilung seines Handelns im Dritten Reich zu entziehen, indem er sich, retrospektiv, als weltfernen, *asozialen Kunstträger* – im Gegensatz zu den verachteten *Kulturträgern* (IV, 50 ff.) – stilisierte, als stets und immer isolierten Einzelgänger und Außenseiter – selbst dort, wo er es, wie in der Preußischen Akademie der Künste 1933/34 und in seinen Radioreden, gewiss nicht war. Im *Lebensweg* von 1934 hatte der Autor bereits das Deutungsmuster ‹Doppelleben› vollständig ausgearbeitet, obwohl er das Wort noch nicht programmatisch einsetzte.[122] Jetzt half es, seine ganze Lebensgeschichte bedeutungsschwer zu überwölben. Die Metapher vom *Doppelleben* ist zweifellos eine interessante Strategie der Stilisierung der eigenen Biographie. Ihre Maßgaben sind die der Kunst, gegenüber denen die ‹Niederungen› des ‹gemeinen Lebens› nur abfallen können. Im Falle Benn sind aus diesem Zugriff faszinierende literarische Konstrukte entstanden. Als Muster für die Daseinsgestaltung normaler Sterblicher dürfte es untauglich sein.

Der zweite Teil von *Doppelleben* ist auch eine interessante zeitgeschichtliche Quelle, insofern Benn hier erstmals Klaus Manns Brief vom 9. Mai 1933 aus dem Exil an ihn öffentlich machte, sich eingehend mit dem nicht *ohne Rührung* zu lesenden Dokument beschäftigte und dem Briefschreiber immerhin bescheinigte, *klug und weitsichtig* gewesen zu sein (IV, 78, 90). Für sich selbst sah Benn allerdings keine andere Möglichkeit, als das schon oft Gesagte zu wiederholen: *Ich glaubte an eine echte Erneuerung des deutschen Volkes, die einen Ausweg aus Rationalismus, Funktionalismus, zivilisatorischer Erstarrung finden würde […].* (IV, 78)

Ein neuer Ton: die Parlando-Gedichte

Viele förderten Benn in den fünfziger Jahren und rühmten ihn als herausragenden Lyriker deutscher Sprache – an der Spitze seine Verleger, die wachsende Zahl ihm wohlwollender Rezensenten, die Macher der Zeitschrift «Merkur», die Herausgeber von Anthologien und nicht zuletzt die Studioleiter mehrerer Rundfunkanstalten, die ihm eine zweite Karriere im Radio ermöglichten. Sie alle versuchten, seine Lyrik auf den Typus des der Lebenswelt abgekehrten, durchgeformten, ‹schönen› Gedichts festzulegen – des Typus, der die *Statischen Gedichte* dominiert. Der Dichter jedoch bewegte sich seit den späten vierziger Jahren sowohl in seinen poetologischen Reflexionen als auch in der lyrischen Praxis in andere Richtungen. Freilich tat er das keineswegs einsinnig, sondern irritierend widersprüchlich.

Da ist zum einen seine neue Lyriktheorie einer so genannten *Phase II* der Moderne, wie er sie 1950 gleich mehrfach – u. a. in *Doppelleben* – deklarierte. Sie schließt explizit an den Expressionismus als Inbegriff der Avantgardebewegungen um 1910–20 an (die «Phase I» der Moderne) und gibt sich radikal antitraditionell. Zur gleichen Zeit schrieb der Dichter weiter im altvertrauten Ton – und dies bis in sein Todesjahr hinein –, obgleich ihm klar war: *[...] die edle einfältige Lyrik faßt das Heute in keiner Weise.* (OB II/2, 54) Benn wusste, wonach sich seine Landsleute sehnten: *Der Deutsche hat eine ganz besondere Neigung, sich die tatsächliche Lage des Menschen von heute zu verschleiern, er sieht lieber fort ins Antik-Humanistische, transplantiert etwas Paulinisches und macht ein klassizistisches Pflaster drauf.* (IV, 376) Deshalb strebte er an, *von der weichen, gesammelten, introvertierten, edlen Lyrik abzukommen, der heiligen großen Lyrik.* (OB II/2, 46) Es gelang ihm tatsächlich, ein faszinierendes neues lyrisches Muster zu erfinden: das Parlando-Gedicht. Es steht in einem bemerkenswerten Widerspruch zur ‹edlen› Lyrik, die bis heute seinen Ruhm in der Hauptsache trägt. Aber nicht nur gibt es den über Jahre gehenden eklatanten Widerspruch in der Gedichtproduktion, sondern auch eine Kluft zwischen ästhetischer Theorie und dichterischer Praxis. Zumal die wie das Evangelium moderner Poesie aufgenommene Marburger Rede *Probleme der Lyrik* von 1951, «die in so vielem eklektisch und kompilatorisch»[123] ist, steht, zumindest zu Teilen, in krassem Gegensatz zur gleichzeitigen neuen Lyrik des Dichters, und zwar zu ihren b e i d e n Tendenzen. Das hat eine allzu ehrfürchtige Benn-Forschung bis Ende der 1970er Jahre weitgehend verdeckt.

Die Kernsätze von Benns *Phase-II*-Poetik lauten: *Der Stil der Zukunft wird der Roboterstil sein, Montagekunst. Der bisherige Mensch ist zu Ende, Biologie, Soziologie, Familie, Theologie, alles verfallen und ausgelaugt, alles Prothesenträger. [...] Der Mensch muß neu zusammengesetzt werden aus Redensarten, Sprichwörtern, sinnlosen Bezügen, aus Spitzfindigkeiten, breit basiert –: Ein Mensch in Anführungsstrichen. Seine Darstellung wird in Schwung gehalten durch formale Tricks, Wiederholungen von Worten und Motiven – Einfälle werden eingeschlagen wie Nägel und daran Suiten aufgehängt. [...] Nichts wird stofflich-psychologisch mehr verflochten, alles angeschlagen, nichts durchgeführt. Alles bleibt offen.* (IV, 162 f.)

Benn verkündet damit eine Poetik des Gedichts, die sich von der überwiegend strengen Formkunst, der Artistenmetaphysik à la Nietzsche, wie sie die Mehrzahl der *Statischen Gedichte* kennzeichnet, unterscheiden will. Allerdings ist sie nicht neu. Denn das meiste erinnert an programmatische Äußerungen wie auch die lyrische Prosa des Autors aus den Jahren der frühen Weimarer Republik, z. B. *Das letzte Ich* von 1921. Auch manches aus der frühen Lyrik der Jahre 1912–16 ist nicht weit: damals schon Montagekunst par excellence, Absage an Psychologie und Soziologie, Religion und Schicksal, Floskeln von Humanität und Fortschritt – besser *interessant* als ‹tief›. So kann Benn, zumindest programmatisch einleuchtend, formulieren, dass es sich um *Phase II des expressionistischen Stils* handle (IV, 164). Der Autor bekennt sich, nach mehr als drei Jahrzehnten, zu seinen Anfängen und setzt sich zum Ziel, sie zu aktualisieren.

Der am 21. August 1951 an der Universität Marburg, seiner ersten Alma Mater, gehaltene Vortrag *Probleme der Lyrik* faltet das Konzept der *Phase II* aus, ist aber zugleich ein Konglomerat unterschiedlicher Ideen und Rezepturen, das überdies jahrzehntelang recht einseitig gelesen wurde. Der Autor rückt, immer noch unter Berufung auf Nietzsches Artistenmetaphysik und damit seinen älteren Lesern wohl vertraut, das *monologische, das absolute Gedicht* ins Zentrum: *[...] das Gedicht ohne Glauben, das Gedicht ohne Hoffnung, das Gedicht an niemanden gerichtet, das Gedicht aus Worten, die Sie faszinierend montieren*. Sein eigentlicher Inhalt ist *die Form*, denn – so der Autor – die *Inhalte eines Gedichtes, sagen wir Trauer, panisches Gefühl, finale Strömungen, die hat ja jeder, das ist der menschliche Bestand [...]* (I, 524, 507). Und so, wie hier psychische Zustände pauschal herabgestuft werden, so an anderen Stellen *das Emotionelle, das Stimmungsmäßige*, denn, so Benn mit Stéphane Mallarmé, *ein Gedicht entsteht nicht aus Gefühlen, sondern aus Worten* (I, 495, 509).

Liest man die nahezu 70 Gedichte Benns aus den Jahren 1949–55, die überwiegend in den Bändchen *Fragmente, Destillationen* und *Aprèslude* versammelt sind, dann reibt man sich die Augen ob des Maßstabs, den Benn doch offenbar auch auf seine eigenen zeitgleichen Gedichte angewendet wissen möchte. Es sind Gedichte, deren *Emotionelles, Stimmungsmäßiges* sehr hoch zu veranschlagen ist. Und es verschwindet gerade nicht hinter den zweifel-los gekonnt gesetzten Worten. Benns unverkennbare Grundstim-mung ist die des Verlusts, einer unheilbaren Melancholie, die ex-plizit bereits 1933 in *Wo keine Träne fällt* mit den Anspielungen auf Dürers «Melencolia»-Gestalt begegnet war und 1954 einem gro-ßen Gedicht den Titel gab (III, 302–304). Bereits die Überschriften vieler später Gedichte weisen in die gleiche Richtung der vielfälti-gen «Melancholietradition des Abendlandes»[124]: *Verzweiflung, Teils-teils, Keiner weine –, Auferlegt, Eingeengt, Schmerzliche Stunde, Zerstörungen, Denk der Vergeblichen, Nur zwei Dinge, Was schlimm ist, Nur noch flüchtig alles, Tristesse, Après lude, Kann keine Trauer sein.*

Aber nicht nur, dass Benns späte Gedichte stark von Stim-mungen dominiert werden: Es sind auch keine ‹absoluten› oder strikt ‹monologischen› Texte, wie im Anschluss an die Marburger *Probleme der Lyrik* zu vermuten wäre. Gewiss, der *Autor besitzt […] einen dumpfen schöpferischen Keim, eine psychische Materie* (I, 506); aus ihr formt er, der *Erleber* (IV, 405), ganz allein das *interessante* Gedicht. Er ist zunächst *Selbsterreger* (III, 119), aber durch die faszi-nierende Auswahl und Montage von Wörtern, die als Signale sei-ner Stimmung und seines Bewusstseins fungieren, vermag er auch seine Leser zu erregen – und der Autor Benn tut es bekanntlich. Damit tritt der Dichter, zumal wenn er veröffentlicht ist, aus sei-ner monologischen Situation heraus, sein Text verliert die ‹Abso-lutheit› und wird dialogisch. Der Autor ist einem Zeitgenossen, der sein monologisches Prinzip verehrungsvoll kritisierte, sogar noch weiter entgegengekommen, wenn er antwortete: *Das Ich und das Du ist dasselbe. So wird es sein, ich bezweifle es nicht. Das Ich ist vom Du bestimmt zu sprechen, es spricht nicht von sich selbst, es spricht vom Du.* (IV, 313)

Die angedeuteten Widersprüche zwischen Benns später Poe-tologie und seiner dichterischen Praxis gelten für alle Gedichte des letzten Lebensjahrzehnts. Da ist nichts mehr, was man im strengen Sinne als absolute, monologische Lyrik, als *Artistik* (I, 500) pur bezeichnen könnte. Das gilt zunächst für die nicht weni-gen Gedichte in der Tradition dessen, was der Autor selbst einmal voller Bedenken als *gereimte Weltanschauung*[125] bezeichnet hatte. Es sind, wie er anmerkte, *keine Phase-II-Gedichte, wie einige meiner Kritiker sie nun verlangen, sondern G. B.-Gedichte im Rahmen dessen, der mir heute lyrisch möglich und gegeben scheint* (AB 190). Auch ein auf seine Weise perfekter, populärer Text wie *Nur zwei Dinge* gehört hierher.[126]

Durch die «unauffällige Häufung einfacher [...] lyrischer Mittel erhält das fast essayistische Aussagegedicht seine lyrische Suggestivität. Die apodiktischen, radikalen und am Ende unerhörten Feststellungen werden im Tonfall des Selbstverständlichen und Fraglosen ausgesprochen und verführen den Leser zum Mitvollzug und Mitgenuß – der müden Trauer, der gefaßten männlichen Haltung, der Schicksalsgläubigkeit, der Entwirklichung der Welt und des hybriden Bei-sich-selber-Ankommens.»[127] Ein solcher Habitus passte gut in die fünfziger und frühen sechziger Jahre mit ihrer Verdrängung von *Sinn*, *Sucht* und *Sage* aus dem *Wir*-Gefühl des «Tausendjährigen Reichs», aber auch heute findet er Anhänger zuhauf.

Nur zwei Dinge

Durch so viel Formen geschritten,
durch Ich und Wir und Du,
doch alles blieb erlitten
durch die ewige Frage: wozu?

Das ist eine Kinderfrage.
Dir wurde erst spät bewußt,
es gibt nur eines: ertrage
– ob Sinn, ob Sucht, ob Sage –
dein fernbestimmtes: Du mußt.

Ob Rosen, ob Schnee, ob Meere,
was alles erblühte, verblich,
es gibt nur zwei Dinge: die Leere
und das gezeichnete Ich.

(III, 342)

Ein anderer, in vielem wirklich neuer Gedichttypus Gottfried Benns verdient besondere Aufmerksamkeit. Es sind zumeist in offener, lockerer, prosanaher Form gehaltene, gleichwohl lyrische Texte, in denen ein (offenkundig autornahes) Ich seinen Bewusstseinsstrom zu Papier gebracht hat. Die einzelnen Momente kommen durch *laufenlassen, spielen, fädeln* zusammen; die Devise heißt: *aufschreiben, was Ihnen einfällt, auffällt, Sie amüsiert, dann diese Amüsements zusammenstellen und dann haben Sie die Kunst* – so Benn an Freund Oelze (OB II/1, 173). «Es wird notiert, was durch das Ich hindurchgeht, was an Inhalten in seinem Bewußtsein aufkommt und wie es in ihm beisammen ist.»[128]

Von Bedeutung sind dabei die Orte, an denen sich dieses Ich aufhält. Es sind nicht selten Restaurants oder Kneipen, in denen gerade ein Radio läuft und wo das Ich frei von Pflichten und Erwartungen anderer beim Bier seinen Assoziationen und Stimmungen nachhängen kann. Dieses lyrische Ich schätzt die lebendige Anonymität der Großstadt, die es beim Anhören eines Schlagers oder eines Gesprächs am Nachbartisch oder auch bei einem Kino-besuch erleben kann. *Ein Schlager von Rang ist mehr 1950/als fünf-hundert Seiten Kulturkrise./Im Kino, wo man Hut und Mantel mitneh-men kann,/ist mehr Feuerwasser auf dem Kothurn/und ohne die lästige Pause* – so räsoniert das Ich in *Kleiner Kulturspiegel* (III, 473 f.). Die prätentiöse Hochkultur hatte Benn schon zu Zeiten der Weimarer Republik herzlich verachtet; jetzt geht er einen Schritt weiter, in-dem er das *Interessante*, an dem ihm so liegt, eindeutig in der zeit-genössischen ‹flachen› Unterhaltungskultur sucht und auch fin-det. Ähnlich verhält es sich mit den Sprachquellen, aus denen er schöpft. Zwar liebt er noch immer *die deutsche Sprache [...] mit ihrer jahrhundertealten Tradition, ihren von lyrischen Vorgängern geprägten sinn- und stimmungsgeschwängerten, seltsam geladenen Worten.* Aber, so fährt der Dichter in *Probleme der Lyrik* fort, *auch die Slang-Aus-drücke, Argots, Rotwelsch, von zwei Weltkriegen in das Sprachbewußt-sein hineingehämmert, ergänzt durch Fremdworte, Zitate, Sportjargon, antike Reminiszenzen, sind in meinem Besitz. Ich von heute, der mehr aus Zeitungen lernt als aus Philosophien, der dem Journalismus näher steht als der Bibel, dem ein Schlager von Klasse mehr Jahrhundert enthält als eine Motette* (I, 518) – dieses Ich schreibt, zumindest gelegentlich, neuartige Gedichte, denen der Terminus *Phase II* wirklich ange-messen ist. In einer *Destille* bei *Fusel, Funk und Flaschen* entstanden, ist ihr Tonfall ein entspanntes Parlando, fern aller *Verklärungssucht* (III, 275 – 278), die in den Gedichten vom anderen Typus gelegent-lich zu beobachten ist. Diese Gedichte haben die *zivilisatorischen Realitäten einmontiert, auf Spalier gezogen, unter anderem das Radio mit seinen Kollektivthemen und Massensuggestionen* (IV, 366) – gelas-sen und sogar mit einer gewissen Empathie, ohne sich ihnen zu unterwerfen. So entstehen aus kleinen Selbstgesprächen so unprä-tentiöse wie subtile *Destillationen*, die aufgrund ihrer gewollt ‹hori-zontalen›, ‹oberflächlichen› Anlage Banales, Alltägliches, seriell Vorgefertigtes ohne Zwang mit Persönlich-Individuellem, ja auch Tiefsinnigem sich begegnen lassen können.[129] Damit lässt der Au-tor – vielleicht zum ersten Mal überhaupt – sein obsessives Da-seinskonstrukt *Doppelleben* souverän hinter sich. Das zeigen z. B. zwei Strophen aus dem Gedicht *Teils-teils*:

Heute noch in einer Großstadtnacht
Caféterrasse
Sommersterne,
vom Nebentisch
Hotelqualitäten in Frankfurt
Vergleiche,
die Damen unbefriedigt
wenn ihre Sehnsucht Gewicht hätte
wöge jede drei Zentner.

Aber ein Fluidum! Heiße Nacht
à la Reiseprospekt und
die Ladies treten aus ihren Bildern:
unwahrscheinliche Beauties
langbeinig, hoher Wasserfall
über ihre Hingabe kann man sich gar nicht erlauben
nachzudenken.   (III, 339 f.)

Dieses so selbstverständlich wirkende und zugleich denkbar raffinierte Montage- oder Collageverfahren ist nicht ganz neu bei Benn. Schon in den Jahren nach 1910 entstanden, wie dargestellt, Montagegedichte aus dem Milieu der Cafés und Kneipen (mehrere mit dem Titel *Nachtcafé*) oder der öffentlichen Verkehrsmittel (*D-Zug, Untergrundbahn*). Freilich waren die Etablissements von damals verkommen, die Farben grell, der Duktus aggressiv, wo nicht von Ekel und Hass erfüllt. Das hat sich geändert. Benns Grundhaltung ist jetzt: Akzeptanz, Einverständnis. Und vier Jahrzehnte nach dem ersten Schub an (bösen) Montagegedichten tritt gelegentlich eine Sprechhaltung zutage, in der sich fast so etwas wie Nächstenliebe und Mitleid äußert. Das Problem hatte den Dichter, der sich zur sozialen Frage gern verächtlich äußerte, schon früher umgetrieben. So schrieb er an F. W. Oelze in einem Brief vom 20. Juni 1937 sichtlich beunruhigt: *[…] ist alles Schund,* *was vom Menschen nicht hoch kann, nicht die letzte Höhe erreicht u. garnicht kennt? Darf es nicht doch Erbarmen fordern? Sehr wichtige Frage!* (OB I, 173)[130] Jetzt, Mitte der fünfziger Jahre, nennt er ein Gedicht, das von solchen schlichten Leuten redet, ohne alle Herablassung *Das sind doch Menschen* (III, 336 f.). Ein anderes, *Menschen getroffen,*

Gottfried Benn

geht ganz ähnlich. Vor allem die Schlussstrophe, gesprochen von einem lyrischen Ich, das sich in Todesnähe weiß, ist anrührend und versöhnt mit vielen zynisch anmutenden Versen des Dichters: *Ich habe mich oft gefragt und keine Antwort gefunden, / woher das Sanfte und das Gute kommt, / weiß es auch heute nicht und muß nun gehn.* (III, 321)

Wie soll man solche Gedichte im leisen Parlando-Ton, die doch, wie man sieht, auch ernste Dinge besprechen können, nennen? Gottfried Willems, von dem die gründlichste Studie zu diesem Gedichttyp stammt, hat sich seinen titelgebenden Leitbegriff bei Peter Rühmkorf ausgeliehen: «Großstadt- und Bewußtseinspoesie»[131]. Er ist treffend und korrigiert zugleich Hugo Friedrichs lange als kanonisch geltende Einordnung des Lyrikers Benn als Autor absoluter «Stildominanz», dem es primär um eine «Entwertung der wirklichen Welt» gegangen sei.[132] *Das späte Ich* (III, 55), den *Menschen in Anführungsstrichen* im Netz der *zivilisatorischen Realitäten*, im «Gehäuse der Hörigkeit» (Max Weber) darzustellen, wie Benn es in einer großen Zahl seiner späten Gedichte getan hat, ist alles andere als ein Programm der Entwirklichung von Literatur. Vielmehr ist es eine legitime Art von poetischem Realismus und ein wesentlicher Teil seines lyrischen Vermächtnisses.[133]

DIE LETZTEN JAHRE: WIRKUNGEN, MIT UND WIDER WILLEN

Ende 1950 war Gottfried Benn mit mehr als einem halben Dutzend Büchern auf dem (west-)deutschen Markt präsent, zu denen neben den genannten das neue Hörstück *Drei alte Männer. Gespräche* und der Sammelband *Ausdruckswelt* mit ältern und neueren Essays gehörten. Zwei wichtige Retrospektiven kamen hinzu: *Trunkene Flut* mit ausgewählten Gedichten aus der Zeit bis 1935 und *Frühe Prosa und Reden* als Pendant zum Lyrikband.

Dies war nun in der Tat ein frappierendes Comeback. Der Autor drehte, mit seinem *Ptolemäer* zu sprechen, nicht nur weiter seine Scheibe – er *wurde* auch gedreht (II, 256). In atemberaubendem Tempo gewann er Prominenz im literarischen Feld und musste dementsprechend öffentlich agieren. Seine so zäh wie zielstrebig verfolgte Strategie – von Dementis nur unzureichend verdeckt –, wieder ein anerkannter Autor zu werden, war voll aufgegangen. Natürlich halfen andere dabei: Freund Oelze in Bremen, der als Einziger über alle neueren Manuskripte Benns verfügte, und der wagemutige Verleger Max Niedermayer mit seinem jungen Limes Verlag in Wiesbaden. Nach der Beendigung der Berlin-Blockade durch die Sowjetunion im Mai 1949 normalisierte sich nicht nur die Versorgung, sondern auch das Reisen. So sind die letzten Lebensjahre des Dichters angefüllt mit Lesungen, Vorträgen und Ehrungen im In- und Ausland – von Hamburg, Bremen und Köln bis München, Bern, Genf und Knokke in Belgien. Am 21. August 1951 hielt er seinen viel beachteten Vortrag *Probleme der Lyrik* in Marburg, und am 21. Oktober desselben Jahres wurde ihm in Darmstadt der Georg-Büchner-Preis von der Deutschen Akademie für Sprache und Dichtung verliehen. Die führenden konservativen Literaturkritiker des Jahrzehnts – Max Rychner, der ihn schon lange zu fördern suchte, Friedrich Sieburg, Hans Egon Holthusen – schrieben Elogen über ihn, und die ersten literaturwissenschaftlichen Dissertationen (von Dieter Wellershoff, Astrid Claes und Edgar Lohner) entstanden noch zu Lebzeiten des Autors.

All das beunruhigte Benn bisweilen, aber es schmeichelte ihm auch beträchtlich, am meisten das hohe Lob des berühmten Romanisten Ernst Robert Curtius. Natürlich gab es auch skeptische Stimmen (wie die Karl Krolows) oder scharf ablehnende (wie die des Schweizers Walter Muschg). Benn nahm es hin. Gelegentlich ließ er sich sogar auf beschwerliche Aktivitäten des Literaturbetriebs ein; so, wenn er nach dem Erscheinen von *Doppelleben* im März 1950 ein Rundfunkgespräch mit dem Exilautor Peter de Mendelssohn über Wert und Unwert der Emigration resp. des Dagebliebenseins führte[134] oder wenn er im November 1955 in Köln ein Rundfunkgespräch mit dem katholischen Autor Reinhold Schneider zur Frage: *Soll die Dichtung das Leben bessern?* führte, an dem sich kein anderer als Heinrich Böll so lebhaft wie treuherzig beteiligte.[135] Selbstverständlich blieb Benn bei seiner sattsam bekannten Meinung, dass die Dichtung das Leben n i c h t bessern solle.

Der Autor liebte das Reisen nicht sonderlich, wie auch sein berühmtes Gedicht mit dem Titel *Reisen* zeigt. Er war stets erleichtert, wenn er wieder in Berlin angelangt war. *Aber es gibt nur Eins: den Bayerischen Platz u zu Hause sein!* – so schrieb er im März 1954 aufatmend an Oelze (OB II/2, 200), nachdem er gerade aus München zurückgekehrt war, wo man ihn gefeiert hatte. Hier, in Berlin-Schöneberg, hatte er seine Eckkneipe «Dramburg», in der er mit seiner Frau, mit dem Feuilletonisten Walter Lennig (nach Thilo Koch sein erster Biograph) oder allein sein Bier ‹zischte›. Am Bayerischen Platz lag auch seine Apotheke mit ihrem so gebilde-

ten wie geschätzten Leiter Dr. Gerhard Wilcke, mit dem Benn sich, auf seine zurückhaltende Art, anfreundete und von dem er die häufig benötigten Migräne- und Schlafmittel bezog.

Auch wenn sich der Alltag des alternden Autors in diesen Jahren noch stärker als zuvor den bürgerlichen Konventionen anpasste – von der stets korrekten Kleidung mit Anzug, Krawatte, Gamaschen und Hut bis zum Tagesrhythmus und den geliebten kleinen Gewohnheiten –, es kam immer noch zu gravierenden Irritationen dieses geregelten Bürgerlebens, ausgelöst durch höchst unterschiedliche erotische Versuchungen. So ereignete sich im Jahre 1951, wie Benn rückblickend an Oelze schrieb, eine *der selt-*

samsten und gefährlichsten Affären meines Lebens. Seine Geliebte war eine Kellnerin, eine, so der Autor, *leere, ungebildete, gemeine Person,* die ihn mit einem Käsehändler betrog; und es war *keine sexuelle Hörigkeit von mir, das wäre ja harmlos und uninteressant,* erläuterte er weiter unter Männern, *sondern eine unheimliche innere Verbundenheit, deren Quellen weit zurückreichen müssen in ein kaum erahnbares psychisches Magma [...]. Ich wusste das Alles. Brachte meine Ehe bis an die äußerste Grenze der Gefährdung, war mir gleich, war bereit zu Grunde zu gehen [...]. War hingerissen u n d litt. [...] so ist das Leben, w e n n m a n e s e r n s t n i m m t. Das sind die Zahlungen für Kunst u Ruhm.* (OB II/2, 127)

Bemerkenswert ist der Zusammenhang, den Benn zwischen künstlerischer Produktivität und Leiderfahrung herstellt: Das Erste ist, so lautet die These, ohne das Zweite nicht zu haben. Aber umgekehrt gilt (auch das mit Nietzsche): Nur ein Leben, das in dieser Tiefe angenommen wird, lohnt gelebt zu werden. Und im günstigen Fall kommen *die Dämonen – sie machen Nachtflüge über alle irdischen Geborgenheiten, sie zerreißen Herzen, sie zerstören Glück und Gut –* im *Mysterium der Kunst* zur Ruhe (I, 534). Es sind große Gedichte wie *Lebe wohl –, Spät* und vor allem *Blaue Stunde,* die der Autor selbst in diesen Kontext gestellt hat.[136]

Ein weiteres – und letztes – Mal verstrickte sich Benn im Sommer 1954 in eine Doppelaffäre, die er, im Gegensatz zu früheren, bald nicht mehr souverän im Griff hatte. Seine Strategie *Gute Regie ist besser als Treue* wollte nicht mehr aufgehen. Mitte August 1954 begann er eine Beziehung mit der 36 Jahre jüngeren Kinderbuchautorin und Journalistin Ursula Ziebarth, die in der Künstlerkolonie Worpswede lebte. 252 Briefe und Zettel des Dichters geben Zeugnis davon, wie sehr ihn diese Verbindung erregte, beglückte und bald auch beschwerte. Die junge Frau aus Worpswede war impulsiv, eigensinnig, ehrgeizig, kapriziös – und sie hatte ein starkes Bedürfnis nach Unabhängigkeit, das mit den Altherrenmanieren des Autors, der ihr gegen ihren Willen den Status der «verheimlichten Frau» zuwies, kollidieren musste. Denn Benn gedachte keineswegs, für die junge Geliebte seine Ehe aufzugeben.

Kompliziert wurde die Beziehung dadurch, dass Benn sich noch vor der ersten Begegnung mit Ursula Ziebarth in eine andere junge Frau verliebt hatte. Es war Astrid Claes, die ein halbes Jahr zuvor an der Universität Köln mit der Arbeit «Der lyrische Sprachstil Gottfried Benns» promoviert worden war. Sie war bereits Mutter eines kleinen Mädchens (der späteren Schriftstellerin Undine Gruenter), was Benn allerdings nicht wahrhaben wollte.[137] Mit ihr traf er sich Ende Juni 1954 in einem Hotel in Kassel, ohne jedoch sein erklärtes Ziel zu erreichen. Astrid Claes hat auch später immer wieder betont, dass sie den Dichter Benn verehrte – und nicht den mehr als 40 Jahre älteren Mann Benn lieben wollte. Doch diese Zurückweisung be-

Astrid Claes

flügelte die unmissverständlichen Werbungen des Autors nur umso mehr. Über 60 charmante, geistreiche, zum Teil auch prätentiös ‹männliche› Briefe aus knapp zwei Jahren – gleichsam die Liebesbriefe eines nie Erhörten – belegen ein weiteres Mal, dass Gottfried Benn zu den großen Briefschreibern des 20. Jahrhunderts gehört.

Astrid Claes war selbst eine hoch begabte Lyrikerin und Prosaautorin, die den Dichter auch als solche beeindruckte. Vor allem aber schätzte und kannte sie seine Texte in- und auswendig. All das machte sie zu einer, trotz des enormen Altersunterschieds, ebenbürtigen geistigen Partnerin. Für Ursula Ziebarth galt das nicht unbedingt. Den Autor kränkte ihre Unkenntnis seines Werkes. Als es, durch Benns eigenes ungeschicktes Zutun, dazu kam, dass die beiden jungen Frauen Kenntnis voneinander nahmen und auch Benns Ehefrau die Verstrickungen ihres Mannes nicht verborgen blieben, kollabierte seine Dreifach-Liaison. Erschöpft und enttäuscht trug er Ursula Ziebarth, die mittlerweile nach Berlin gezogen war, im Juli 1955 *eine relativ lautlose, unbösartige, unnervöse Sommerfreundschaft* an.[138] Zwar gab er im folgenden Herbst noch einmal seinen Wünschen nach, aber die ernsthafte Beziehung war schon zu Ende.[139]

Bei alldem darf nicht übersehen werden, dass Gottfried Benn seit Juni 1955 mehrfach schwer erkrankte und nicht mehr im Vollbesitz seiner Kräfte war. Seine späten Lebensjahre waren nicht, wie häufig zu lesen, eine Zeit ungetrübt genossenen Ruhms. Es waren auch Jahre nicht auflösbarer Gefühlsverwirrung und zunehmender Müdigkeit, ja Erschöpfung. Von überallher wurde der Dichter eingeladen, aber, so schrieb er an Astrid Claes, *ich mag nicht mehr, langweilt mich, ermüdet mich.*[140] Als sein 70. Geburtstag nahte, versuchte er zunächst, jede offizielle Feier zu verhindern. Am Ende war er, seinem erklärten Widerwillen gegen *Festschriften* als *Familienherbarien, Blattpflanzen* und hochtrabende *Reden* zum Trotz[141], doch hocherfreut, ja überwältigt, wie umfassend, Bundespräsident und Oberbürgermeister inbegriffen, er an diesem 2. Mai 1956 geehrt wurde. Doch die Feiern hatten wiederum an seinen Kräften gezehrt. Bereits Ende Dezember 1955 hielt er sich wegen Darmblutungen länger im Krankenhaus auf und vermutete selbst, Krebs zu haben. In mehreren Briefen klangen Todeserwartungen an, und das Gedicht *Kann keine Trauer sein* entstand, datiert auf den 6. Januar 1956. Es spricht vom Sterben der Dichter, von Hölderlin und der Droste bis zu Nietzsche und George, und schließt mit den beiden Strophen:

> *Wir tragen in uns Keime aller Götter,*
> *das Gen des Todes und das Gen der Lust –*
> *wer trennte sie: die Worte und die Dinge,*
> *wer mischte sie: die Qualen und die Statt,*
> *auf der sie enden, Holz mit Tränenbächen,*
> *für kurze Stunden ein erbärmlich Heim.*
>
> *Kann keine Trauer sein. Zu fern, zu weit,*
> *zu unberührbar Bett und Tränen,*
> *kein Nein, kein Ja,*
> *Geburt und Körperschmerz und Glauben*
> *Ein Wallen, namenlos, ein Huschen,*
> *ein Überirdisches, im Schlaf sich regend,*
> *bewegte Bett und Tränen –*
> *schlafe ein!*   (III, 5)

Benn setzte das Gedicht wie ein Vermächtnis an den Anfang seines ansonsten chronologisch angeordneten letzten Lyrikbandes *Gesammelte Gedichte 1956*.

Nachdem sich der Dichter in den ersten Monaten des Jahres 1956 wieder erholt hatte, wurde Mitte Mai die tödliche Erkrankung manifest, freilich nicht als solche diagnostiziert. Unter dem Eindruck schlimmster Rückenschmerzen entschloss Benn sich zu einer Rheumakur in Schlangenbad im Taunus, wo er fast den ganzen Monat Juni verbrachte – ohne jeden Heilerfolg. Nachdem er nach Berlin zurückgekehrt war, wurde am 6. Juli im Krankenhaus Oskar-Helene-Heim bei einer Röntgenuntersuchung ein weit fortgeschrittener Tumor in der Wirbelsäule gefunden – vermutlich Metastasen einer Krebsgeschwulst aus einer anderen Körperregion, vielleicht des bereits früher erkrankten Darms. Dem Autor selbst wurde die Diagnose vorenthalten – nicht so seiner Frau, die in seiner letzten Lebensnacht an seinem Bett wachte. Am Morgen des 7. Juli 1956 starb Gottfried Benn. Am 12. Juli wurde er auf dem Neuen Waldfriedhof Berlin-Dahlem in einem einfachen Grab beigesetzt. Im Rahmen der kirchlichen Bestattung (der Dichter war nie aus der evangelisch-lutherischen Kirche ausgetreten) sprachen auch Vertreter der Akademien in Darmstadt und München, denen der Dichter angehörte, der Berliner Kultussenator Joachim Tiburtius und der Kritiker Hans Egon Holthusen. Das Presseecho auf seinen Tod war enorm.

Bereits zum Zeitpunkt seines Todes war Gottfried Benn ein weithin bekannter Schriftsteller. Die Wirkungen – großenteils mit seiner Zustimmung, eher selten «wider Willen»[142] – hatten längst begonnen. Von den (noch oder wieder) im deutschen Sprachraum lebenden und vor der Jahrhundertwende geborenen Autoren konnten nur Bertolt Brecht (im Osten) und – damals noch mit Abstand – Ernst Jünger vergleichbaren internationalen Ruhm vorweisen. Schon sehr früh war dem Dichter etwas Seltenes zuteil geworden: Er avancierte gleich zweimal zur Romangestalt – als eher negativ gezeichnete Nebenfigur Benjamin Pelz in Klaus Manns Schlüsselroman «Mephisto» (1937) und als schreibender, zum Widerständler stilisierter Arzt Dr. Einmann (mit dem Dichternamen Andermann) in Ina Seidels Roman «Michaela» (1959). In den späten 1980er Jahren wurde Benn ein weiteres Mal zur –

diesmal zentralen – Figur in einem Roman, der wiederum seine Rolle im Dritten Reich fokussiert. Er hat den signifikanten Titel «Der Geblendete», sein Autor ist der Belgier Pierre Mertens.

Als weitere Indizien für Benns Ruhm können die lyrischen ‹Andichtungen› des Autors gelten (bereits 1967 erschien der Band «Après Aprèslude. Gedichte auf Gottfried Benn») sowie die zahlreichen Parodien, zumal seiner Lyrik, die in den späten fünfziger und sechziger Jahren verfertigt wurden. Häufig waren die ernst gemeinten Gedichte im Benn-Ton davon nicht zu unterscheiden. Deshalb konnte Dieter Wellershoff schon 1958 formulieren, «daß heute […] die meisten Gedichte von Benn sind»[143], will sagen: ihrem Vorbild aufs Haar gleichen. Benn war in diesen Jahren für Lyrikliebhaber gleich mehrerer Generationen zu dem Fixstern geworden, der vor ihm Rilke gewesen war (und der in den späten Sechzigern Brecht werden sollte).

All diese Phänomene entsprachen durchaus dem Selbstbewusstsein Benns in seinen letzten Jahren. Er hielt sich im Nachkriegsdeutschland für den einzigen Autor von internationalem Format. In sich allein sah er den Wiederanschluss an die internationale Moderne, mit Thomas Stearns Eliot, Wystan Hugh Auden und Saint-John Perse als Leitfiguren, verkörpert. Das Standardwerk über «Die Struktur der modernen Lyrik» von Hugo Friedrich, das erstmals im Todesjahr Benns erschien, hat diese Lesart für mehrere Generationen festgeschrieben, indem es sein Werk auf den Typus des absoluten, artistisch-monologischen Gedichts reduzierte und außer Benn kaum andere deutschsprachige Lyriker gelten ließ. Der Dichter selbst pochte vor allem auf die Bedeutung des Expressionismus, aus dem er kam, als der entscheidenden deutschen Avantgardebewegung. An dieser literarischen Revolution seiner Generation hing er bis zum Schluss, und zwar nicht im Sinne ihres alles umarmenden «O Mensch»-Pathos, sondern im Gegenteil: an ihrer *inneren Grundhaltung als Wirklichkeitszertrümmerung, als rücksichtsloses An-die-Wurzel-der-Dinge-Gehen* (IV, 382).

Gemessen an Benns eigenem – fruchtbaren – Verständnis des Expressionismus dürfte es fragwürdig sein, in den so ganz anderen *Statischen Gedichten* aus dem Jahrzehnt 1935–45 die «Vollendung seiner expressionistischen Lyrik»[144] zu sehen. Sie aber waren es, und nicht die krassen expressionistischen Texte, die Benns Ruhm

in den fünfziger und sechziger Jahren ausmachten. Der Dichter
hatte sich seinerzeit in ihnen ein ästhetisches Modell geschaffen,
das die so hässliche (NS-)Geschichte samt den eigenen Verstrickungen ausblenden half. Einige der berühmten Texte in der
Nachfolge der *Statischen Gedichte* wie *Nur zwei Dinge* schreiben
dieses Muster «einer existentiellen Selbstrechtfertigung im Stimmungsraum von Trauer und Melancholie» gekonnt fort. «In diesen Stimmungsraum sind die Westdeutschen nach 1948 begreif-
licherweise gern eingeströmt. Die kleine Dosis an melancholischer Trauerarbeit und Selbstwertzweifeln im Spannungsfeld von
Selbsterniedrigung und Selbsterhöhung, die sie darin vorfanden,
reinigte ohne Risiko.»[145] Keiner konnte so gut wie Gottfried Benn
einer Epoche entsprechen, die eine «Zeit ohne Vergangenheit (die
sie verdrängte) und ohne Perspektiven in die Zukunft (um die sie
sich nicht sorgte)»[146] war.

Doch es gab auch, und das bis auf den heutigen Tag, jene unmittelbare ästhetische Faszination der Lyrik Benns, die in der deutschsprachigen Moderne außer bei ihm wohl nur noch bei Rilke gegeben ist. Schon Brecht hatte süffisant bemerkt, dass bei Benn «Wörter zusammengeführt» würden, «die sich sonst niemals kennengelernt hätten».[147] Friedrich Sieburg entzückte «eine süße, fast schluchzende Sangbarkeit»[148] der Benn'schen Strophen, Reinhold Grimm sprach vom «schmissigen Vertexten der Menschheitskrisen zu Edelschlagern»[149], und auch Peter Rühmkorf feierte in seiner virtuosen Parodie «Lied der Benn-Epigonen» das «süße Benn-Engramm»: «Die schönsten Verse des Menschen – nun finden Sie schon einen Reim! – / sind die Gottfried Benn-schen:»[150] Der Dichter selbst hatte schon 1932 bekannt: *Kunst ist auch Kitsch, will ja auch wirken, verzaubern, hinreißen [...].*[151] Bis heute gilt, «daß der Bennsche Vers [...] soviel Sog und Suggestion besitzt, um die gegenläufigsten Charaktere und Temperamente tief zu beeindrucken»[152].

Das zeigte sich deutlicher in den siebziger und achtziger Jahren. Die oft behauptete Benn-Baisse dieser Zeit hat es, bei Lichte besehen, kaum gegeben. Die 68er-Protestbewegung der Nachgeborenen verwarf zwar die anempfindend-identifikatorische Leseweise der ‹schönen› Benn-Gedichte, die ihre Elterngeneration prägte. Sie ließ es sich auch nicht nehmen, Benns nazistische Verstrickung 1933/34 näher zu untersuchen. Nichtsdestotrotz inspirierte seine Lyrik die besten Gedichtschreiber unter den Jüngeren. Das begann bei Hans Magnus Enzensberger, Peter Rühmkorf und Jürgen Becker und setzte sich bei den um 1935–50 geborenen Vertretern der «Neuen Lyrik» fort, also bei Nicolas Born, Rolf Dieter Brinkmann, Wolf Wondratschek, Jürgen Theobaldy, Christoph Derschau, Ralf Thenior, Jörg Fauser und anderen. Auch noch Jüngere wie Thomas Kling, Marcel Beyer und Durs Grünbein blieben nicht unbeeinflusst. Sie alle knüpften, mehr oder weniger bewusst, an Benns letzte Phase der *journalistischen Gedichte* im Parlando-Ton an, die Gottfried Willems, angelehnt an Rühmkorf, treffend «Großstadt- und Bewußtseinspoesie» genannt hat. Der Dichter hatte selbst seine *Abneigung gegen das idealistische, erhabene, seraphische Gedicht* ausgesprochen – einen Widerwillen so massiv, *dass ich immer ein Nicht-Gedicht dagegen hauen muss.*[153]

Die jungen Lyriker, deren Texte seit der Mitte der siebziger Jahre entstanden, teilten mit Benn diese Aversion, aber auch mehr und mehr den Generalverdacht gegen die großen politischen und geschichtsphilosophischen Verheißungen. Dem entsprach das Ernstnehmen der alltäglichen Dinge, die Akzeptanz der Massenkultur und ihrer neuen Medien, des Lebens aus zweiter Hand. Damit korrespondierte wiederum das unprätentiöse Vor-sich-hin-Sprechen im Parlando-Ton, der Verzicht auf die große Form und edle Wörter, das «Kunstmittel der Sprachcollage», die Grundhaltung der «Bewußtseinsinventur».[154] All das steht, wenn der Begriff einen Sinn haben soll, für die ästhetische Haltung der Postmoderne, als Gegensatz sowohl zu den radikalen Avantgardebewegungen um 1910–20 als auch zur so genannten klassischen Moderne. Gottfried Benn: ein Vorläufer der Postmoderne? Ja, so kann man es im Blick auf seine späte Lyrik, aber auch schon auf die der zwanziger Jahre, sagen.[155]

«Wer das verlor, was du verlorst, macht nirgends halt.» Diese Gedichtzeile von Friedrich Nietzsche hat Benn immer wieder beschäftigt. Er bezeichnet in seiner eigenen plausiblen Deutung den Verlust alles dessen, *was einmal in den vergangenen Jahrhunderten als Substanz galt, als menschliche Substanz* (IV, 308). Aus der ehrlichen Anerkennung dieses geschichtlichen Sachverhalts – und in dieser Ehrlichkeit kommt Benn niemand gleich – entstand jene Bereitschaft zum ‹Nirgends-Halt-Machen›, zu vielfältigen Grenzüberschreitungen – sei es im Gebrauch von Rauschmitteln, in seinen Beziehungen zu anderen Menschen oder in seinem politischen Wahntrip 1933 / 34; vor allem aber: in seiner unvergleichlichen Wortkunst. Diese Bereitschaft zur radikalen Grenzüberschreitung, die dem geistig-künstlerischen Teil seines *Doppellebens* eigen ist (bei aller Bürgerlichkeit des anderen Teils), macht Gottfried Benns singuläre Bedeutung aus. Man mag, wie Durs Grünbein, mit dem Herzen einer anderen Lyriklinie, wie der durch die Namen Ossip Mandelstam und Paul Celan bezeichneten, zuneigen, «aber leider ist Benns Position im Moment realistischer. Bis heute ist sie wahrscheinlich die letztgültige Durchsage.»[156]

Anmerkungen

Texte Benns werden nach den von
Dieter Wellershoff herausgegebenen
«Gesammelten Werken» in vier Bänden (1958–1962) zitiert, und zwar
im Text in Klammern nur mit
(römischer) Band- und (arabischer)
Seitenzahl. In dieser Ausgabe feh-
lende Texte werden nach der so
genannten Stuttgarter Ausgabe der
«Sämtlichen Werke» in sieben Bänden (1986–2003) zitiert, ebenfalls im
Text in Klammern, mit der Sigle SW
sowie (römischer) Band- und (arabischer) Seitenzahl. Benns «Briefe an
F.W. Oelze» (Bände I, II/1 und II/2,
1977–1980) werden mit der Sigle OB
in der gleichen Weise im Text zitiert.
Der Band «Ausgewählte Briefe»
(1957) wird mit der Sigle AB plus Seitenzahl zitiert. Sonstige Belege, in
der Regel nur mit Autorname und Er-
scheinungsjahr (in Klammern) oder
bei Briefausgaben mit Sigle, beziehen
sich auf die nachstehende Bibliographie.

1 Th. Mann: Über «Königliche
  Hoheit». In: Ders.: Autobiographisches. Frankfurt a. M./Hamburg
  1968, 34
2 Z. B. Wellershoff (1958), 14, in
  seiner ansonsten wegweisenden
  Studie
3 Koch (1957), 12
4 Zitiert bei Koch (1957), 11
5 Schröder (1978), 21 und passim
6 Vgl. Günter de Bruyn: Die Fincken-
  steins. Eine Familie im Dienste
  Preußens. Berlin 1999; dort zu Benn
  222 f.
7 Schöne (1968), 16
8 Vgl. Matthias Waltz: Ordnung der
  Namen. Die Entstehung der Moderne: Rousseau, Proust, Sartre.
  Frankfurt a. M. 1993, insbesondere
  267–275 (auch zur nachstehend
  erörterten Vaterproblematik)
9 Koch (1957), 15

10 Ein ganz anderes, gelassenes Mut-
   ter-Gedicht ist «Jena» von 1926
   (III, 124); dazu erhellend Theweleit
   (1994), 200–202
11 Vgl. auch die Gedichte
   «Schnellzug» (III, 381) und «Ein
   Trupp hergelaufener Söhne schrie»
   (III, 378 f.)
12 NPS, 62 (zu «Pastorensohn»)
13 An Holthusen (16. Mai 1954).
   In: AB 265
14 Vgl. Robert Minder: Das Bild
   des Pfarrhauses in der deutschen
   Literatur von Jean Paul bis G. B.
   In: Ders.: Kultur und Literatur in
   Deutschland und Frankreich.
   Fünf Essays. Frankfurt a. M. 1963,
   44–72; Zitat 63
15 Das verbindet ihn, einmal mehr,
   mit dem anderen großen Agnostiker Brecht, der auf eine Umfrage
   der Zeitschrift «Die Dame» (1. Oktober 1928) nach dem Buch, das
   ihm in seinem Leben «den stärksten Eindruck gemacht» habe, antwortete: «Sie werden lachen: die
   Bibel.» Vgl. Große kommentierte
   Berliner und Frankfurter Ausgabe.
   Bd. 21. Berlin und Weimar/Frank-
   furt a. M. 1992, 248 und 697 f.
16 Vgl. Schöne (1968), 20 und passim
17 Schöne (1968), 247
18 Erhellend Schöne (1968), 225 ff.,
   insbes. 248–258
19 Vgl. den vollständigen Titel von
   Schöne (1968); dort auch eindrucksvolle statistische Angaben
   zu Dichtern aus deutschen Pfarrhäusern (7–19)
20 Ernst Kretschmer: Geniale Menschen. Berlin 1929; zitiert nach
   R. Minder (wie Anm. 14), S. 44
   Benn hat dieses Buch vor allem
   1930–1934 immer wieder zitiert.
21 Vollständiger Abdruck des Briefs
   (mit Kommentar) in: von Wallmoden (1988), 573 f.
22 Nietzsche: Die Geburt der Tragödie. In: Ders.: Sämtliche Werke.
   Kritische Studienausgabe in 15

Bdn. (künftig: KSA und Bandnummer). Bd. 1. München / New York 1980, 13

23 Eta Harich-Schneider in: Das G. B.-Buch (1968), 10

24 Der Katalog der Benn-Ausstellung 1986 des Deutschen Literaturarchivs Marbach belegt, dass Benn sich nicht ganz genau, aber doch annähernd richtig erinnert. In der «Romanzeitung» Nr. 33 des Jg. 41 (1904), Spalte 504, heißt es: «Stud. G. B. in M. Warmes Gefühl, unzureichender Ausdruck […].» Vgl. Katalog (1986), 22

25 Vgl. Schünemann (1977), 31 – 33

26 So Rübe (1993), 95

27 Vgl. Benns Totenmaske und den Kommentar von Heintel (1990), 34 f.

28 Zur fachlichen Qualität Rübe (1993), 110 f.

29 Vgl. Rübe (1993), 114 f.

30 Vgl. Rübe in: G. B.: Medizinische Schriften (1965), 96

31 Vgl. Katalog (1986), 31

32 Benns Verachtung dieser Art Medizin hat ihn nicht daran gehindert, zu einem der in dieser «Ithaka»-Passage verspotteten ‹Fälle› ebenfalls 1914 eine kleine wissenschaftliche Studie zu veröffentlichen; vgl. SW VII/1, 399 – 403. «Doppelleben» also auch hier.

33 Genauere Angaben zu diesem Text von seinem Entdecker Andreas Kramer in: SW VII/1, 657 f., sowie in der «Frankfurter Allgemeinen Zeitung» vom 22. August 2003. Identische Passagen finden sich in der drei Jahre späteren Szene «Ithaka».

34 Auch von Trakl und Brecht gibt es Wasserleichen-Gedichte, deren Vorbild immer die Ophelia aus Shakespeares «Hamlet» ist.

35 Georg Lukács: Die Theorie des Romans [1914 / 15]. Neuwied / Berlin ³1965, 35

36 Hohendahl (1971), 97 f.

37 Hohendahl (1971), 91

38 Hohendahl (1971), 98; vgl. auch die «Zeugnisse» in diesem Band

39 Zitiert nach Sigrid Bauschinger: Else Lasker-Schüler. Biographie. Göttingen 2005, 204. Dass Benn Else Lasker-Schüler in Briefen mit Sie anredete, ist kein stichhaltiger Beweis für die Lesart, die Beziehung sei rein platonisch gewesen.

40 Vgl. dazu Schäfer (2005), 8 – 14

41 Vgl. NPS, 13

42 In einem Brief an den mit Rauschmitteln erfahrenen Ernst Jünger vom 9. November 1951 hat Benn seine eigenen Drogenexperimente ausgesprochen zurückhaltend, fast kleinlaut kommentiert: «Darf ich bei der Gelegenheit erwähnen, daß ich Drogen weder selbst nehme noch genommen habe (außer einer kurzen Episode mit Kokain im 1. Weltkrieg).» (AB 220)

43 Brief an Wellershoff vom 22. November 1950 (AB 203)

44 Hierzu als Erste in ihrer Dissertation von 1953 Astrid Claes (2003), 32 – 38

45 Alle Zitate aus: Die Geburt der Tragödie (= KSA 1), 25 – 30

46 Götzen-Dämmerung (= KSA 6), 116

47 Die Geburt der Tragödie (= KSA 1), 47 (Sperrungen vom Autor). Nietzsche hat den Satz in seiner Vorrede zur Neuausgabe des Buches von 1886 fast wörtlich wiederholt (KSA 1, 17).

48 F. Nietzsche: Ecce homo (= KSA 6), 289

49 Vgl. R. Borchardt: Bacchische Epiphanie. München 1992

50 TS (2005), 8 f., 11

51 Vgl. hierzu Holthusen (1986), 222 – 234, und von Wallmoden (2002)

52 NPS, 19

53 Zitiert nach Katalog (1986), 80 f.

54 EBK, 196

55 G. Schuster in: ES, 123

56 ES, 13

57 Vgl. Helmut Lethen (1994). Erstaunlicherweise ist Benn in Lethens anregender Studie nur eine Randfigur: zwei Zitate von 677. Der Autor hat diese Auslassung inzwischen korrigiert – indem er ein Benn-Buch geschrieben hat.

58 Franz Jung: Der Torpedokäfer [Der Weg nach unten, 1961]. Neuwied/Berlin 1972, 160

59 Brief an G. B. vom 9. Mai 1933; bei Hohendahl (1971), 164

60 Vgl. u. a. Rübe (1993), 31–35

61 Eine vorbildlich genaue Exegese von «Staatsbibliothek» gibt Siebert (1981).

61 Vgl. hierzu Heintel (1997), mit einem Foto von Lili Breda

63 An Carl Werckshagen, in: G. B. Limes-Lesebuch 2 (1958), 49

64 So hat Schröder (1978) das zweite Hauptkapitel seines Buches überschrieben (89–137).

65 Belegtexte sind für Schröder u. a. «Heinrich Mann. Ein Untergang», «Phimose» (die Erstfassung von «Querschnitt») und das Gedicht «Der junge Hebbel».

66 Die Werkausgabe von Wellershoff enthält Nachlasstexte im Band III (Gedichte), 499–530 und 599–602, unter dem Titel «Fragment eines Singspiels (Nachlass)».

67 Neue Bücherschau, Heft 7 (1929); nach Hohendahl (1971), 128 f.

68 Neue Bücherschau, Heft 9 (1929); nach Hohendahl (1971), 134 f.

69 Hohendahl (1971), 145 f., 149

70 Schröder (1978), 100

71 Helmuth Plessner: Die verspätete Nation. Über die politische Verführbarkeit bürgerlichen Geistes. Stuttgart u. a. 1959, 57 und 131

72 Willems (1981), 33

73 Zu den Übernahmen Benns detailliert: Hof (1991), 54–161, und konzentriert: SW III, 557–566

74 Erhellend: Hof (1991)

75 Tagebucheintrag vom 11. Mai 1952, in: TS (2005), 219

76 Hof (1991), 407

77 Hierzu und zum Folgenden Jens (1971), 176–218 und 285–292, und Brenner (1972)

78 Jens (1971), 185

79 ES (1993), 14

80 Zum Verhältnis Benn/Döblin: Katalog (1986), 150–164

81 Vollständig in: Katalog (1986), 198–201, und in: SW IV, 510–512

82 Arbeitsheft 1 (1930–1933), in: Katalog (1986), 193

83 Pressebericht, zitiert von Loerke (1956), 277

84 Loerke (1956), 269, 271, 273 f., 276, 283, 305, 309, 311

85 Traum, 127

86 Traum, 129

87 Hindemith (1999), 165, und PH, 202

88 Loerke (1956), 313

89 Hierzu Bormuth (2005), 13–18. – Mit gutem Willen kann man (was Bormuth nicht tut) die fraglichen Passagen des Aufsatzes «Geist und Seele künftiger Geschlechter», mit Benns Hinweis auf die «Grenzen derartiger Völkerzüchtungen» (I, 237), als rhetorisch unumgängliche Vorbereitung des abschließenden Plädoyers für «in erster Linie intellektuelle und moralische Züchtung», das «Geist züchten» (I, 239), lesen. Selbst dann hätte Benn sich, wie er 1935 selbst einsah, viel zu weit auf folgenschwere NS-Positionen eingelassen.

90 Vgl. Schröder (1978), Kap. II (189–237)

91 Matthias (1962), 439

92 Theweleit (1994) betont zu Recht, was man Benns (Thomas-)Mann-Komplex nennen könnte. Vgl. 372 und passim

93 Benn laut Sitzungsprotokoll der Sektion vom 20. Februar 1933; nach Brenner (1972), 53

94 Vgl. Stollmann (1980) und Müller (1990)

95 Müller (1990), 186

96 TS, 82 und 84
97 TW, 132
98 EBK, 119
99 EBK, 109
100 TW, 256 f.
101 EBK, 154–158
102 Dieser Brief in: EBK, 235–239; zu ihrer Biographie ebd. 334–344
103 TW, 184
104 EBK, 174
105 Literatur und Dichtung im Dritten Reich. Eine Dokumentation. Hg. von Joseph Wulf. Reinbek 1966, 144
106 EBK, 210
107 NPS, 48
108 Genauer: Schäfer (2005), 21–27
109 Ob der Oberfeldarzt Benn und die 15-jährige Christa Wolf einander einmal auf der Straße begegnet sind?
110 = TS 131
111 «Selige Sehnsucht», aus «West-Östlicher Divan»
112 Vgl. KSA 1, 26 f., 30 und passim
113 Nachgelassene Fragmente 1886/87 (= KSA 12), 315
114 Vgl. Lyrik des Exils. Hg. von W. Emmerich und Susanne Heil. Stuttgart 1985, 33 f. und 113–124
115 So bei Steinhagen (1969) und Schäfer (2001)
116 Zitiert nach Schäfer (2001), 20 (= DLA, 3. Oktober 1937); vgl. auch Dyck (1986), 113–126
117 NPS, 53 f.
118 Ilse Benn, zitiert nach Katalog (1986), 311
119 Zur Rolle dieses Modells in der Lyrik Schröder (1986), 39–57
120 Vgl. Friedrich (2000), 333 ff.
121 Friedrich (2000), 288 f.
122 Erste Belege des Wortes «Doppelleben» schon 1930/34; vgl. SW V, 493
123 R. Grimm (1967); zitiert nach Hillebrand, Hg. (1979), 228
124 Vgl. Schröder (1986), 69, und die dort genannte Literatur
125 Traum, 179
126 Dazu Benn selbst: «Ich fürchte,

es sind langweilige altmodische Aussagegedichte.» (OB II/2, 167)
127 Schröder (1986), 74
128 Willems (1981), 105
129 Zu den Parlando-Gedichten ausführlich: Willems (1981), insbes. 53–118
130 Ganz ähnlich in einem Brief an EBK, 142 ff.
131 Willems (1981), der Titel und 65; vgl. P. Rühmkorf: Strömungslehre I. Poesie. Reinbek 1978, 19
132 Vgl. Die Struktur der modernen Lyrik. Erweiterte Neuausgabe. Reinbek 1967, 196 f., 150 und passim. Die von Friedrich vorgestellten Gedichte Benns stammen nicht zufällig alle aus der Zeit vor 1945.
133 Vgl. Willems (1981), 117 ff., der Benn ebenfalls als «modernistischen Realisten» sieht
134 De Mendelssohn warf Benn später, im Rückblick auf die Nazizeit, explizit Feigheit und Opportunismus vor. Vgl. Der Geist in der Despotie. Berlin 1953, 256–282
135 Vgl. SW VII/1, 315–341 und 652 f. Benn hatte offenbar sogar Bölls Roman «Und sagte kein einziges Wort» gelesen.
136 Vgl. hierzu Schröder (1986), 80–99
137 Vgl. AC, 45 und 97, sowie das Nachwort von Bernd Witte (139–152), Benn Jahrbuch 1 (2003), 17–34, insbes. 31, und Claes (2003), 8
138 UZ, 376
139 Vgl. Benns ernüchtertes Urteil darüber in einem Brief an A. Claes vom 2. Juni 1955 (AC, 62)
140 AC, 13
141 Traum, 248
142 Vgl. den Titel von Hohendahl (1971)
143 Wellershoff (1958), 11
144 Dies der Untertitel von Harald Steinhagens ansonsten verdienstvollem Buch (1969)
145 Schröder (1986), 78
146 Rühmkorf (1978), 146 f.

147 Brecht (wie Anm. 15), Bd. 22. 1, 1993, 9

148 Sieburg (1949), in: Hohendahl (1971), 222

149 Grimm (1984), in: Hillebrand, Hg. (1987), Bd. 2, 346

150 Rühmkorf, in: Irdisches Vergnügen in g. Fünfzig Gedichte. Hamburg 1959, 60

151 PH, 62

152 Rühmkorf (1957); zitiert nach Holbeche (1981), 325

153 UZ, 274

154 Vgl. Willems (1981), Kapitel IV und passim

155 Vgl. Hohendahl (1987), der, ganz anders als Willems, die Attraktivität von Benns ‹postmodernen› Gedichten als Gefahr sieht

156 Grünbein (2002), 81

1886 Gottfried Benn am 2. Mai als zweites Kind (erster Sohn) des Pfarrers Gustav Benn (1857–1939) und seiner Frau Caroline, geb. Jequier (1858–1912), in Mansfeld bei Pritzwalk (Brandenburg) geboren. Es folgen weitere sechs Geschwister (fünf Brüder, eine Schwester)

1887 Umzug der Familie nach Sellin in der Neumark (heute Zielin, Polen)

1893 Erster Unterricht im Pfarrhaus

1896–1903 Besuch des humanistischen Friedrichs-Gymnasiums in Frankfurt/Oder. Abitur

1903/04 Studium der evangelischen Theologie und Germanistik an der Philipps-Universität Marburg

1904/05 Geisteswissenschaftliches Studium an der Kaiser-Wilhelm-Universität Berlin

1905–10 Medizinstudium an der Kaiser-Wilhelm-Akademie für das militärärztliche Bildungswesen, genannt Pépinière, in Berlin

1910 Oktober: Unterarzt bei einem Regiment in Prenzlau; parallel Hospitation in der Psychiatrie der Charité in Berlin; Erster Preis für eine Arbeit zur *Ätiologie der Pubertätsepilepsie.* Erste Gedichte in Zeitschriften

1911 Oktober: Medizinisches Staatsexamen und Approbation

1912 Februar: Promotion zum Dr. med. mit der Arbeit *Über die Häufigkeit von Diabetes mellitus im Heer.* Sommer: Arzt bei einem Pionierbataillon in Berlin-Spandau. Begegnung mit Else Lasker-Schüler. Bekanntschaft mit expressionistischen Künstlern. *Morgue und andere Gedichte* erscheint und erregt Aufsehen

1913 März: Abschied von der Armee. Als Pathologe und Serologe am Berliner Westend-Krankenhaus, ab November am Gynäkologischen Krankenhaus Charlottenburg; ca. 300 Sektionen. Das zweite Lyrikheft *Söhne. Neue Gedichte* erscheint. Im Herbst auf Hiddensee Begegnung mit der Schauspielerin Edith Osterloh

1914 März bis Mai: als 2. Schiffsarzt auf einem Postdampfer nach New York; anschließend Chefarztvertretung in einer Lungenheilstätte in Bischofsgrün/Fichtelgebirge. Sommer in Leoni am Starnberger See. Dort am 30. Juli Heirat mit Edith Osterloh. Bei Kriegsbeginn sofort eingezogen; an der Einnahme Antwerpens beteiligt

1915–17 «Etappe» in Brüssel: Arzt an einem Prostituiertenkrankenhaus. Auch Carl Einstein, Carl Sternheim u. a. in Belgien

1915 8. September: Geburt der Tochter Nele in Hellerau bei Dresden

1916 *Gehirne,* fünf Novellen um den Arzt Dr. Rönne, erscheint

1917 Besuch bei Familie Sternheim in La Hulpe bei Brüssel. Gedichtband *Fleisch* erscheint. November: Praxis als Facharzt für Haut- und Geschlechtskrankheiten in Berlin, Belle-Alliance-Straße 12

1921/22 Beziehung mit Gertrud Zenzes

1922 *Gesammelte Schriften* im Erich Reiss Verlag. – 19. November: Tod von Edith Benn, geb. Osterloh; Tochter Nele zieht 1923 zu dem Ehepaar Overgaard in Kopenhagen und wird 1936 Dänin

1924/25 Neue Gedichtsammlungen *Schutt, Betäubung* und *Spaltung* erscheinen

1926 Bis zu ihrem Selbstmord am 1. Februar 1929: Beziehung mit der Schauspielerin Lili Breda.

Freundschaft mit Thea Sternheim, die jetzt in Berlin wohnt

1927 Erste Lesung von Gedichten
im Berliner Rundfunk. *Gesammelte Gedichte* erscheinen

1928 Aufnahme in den PEN-Club.
Gesammelte Prosa erscheint. Die
Gattung Essay wird dominant

1929 Kontroverse um Texte
Benns in der «Neuen Bücherschau». Polemiken von J. R. Becher, E. E. Kisch und anderen
Parteikommunisten. – Beziehung
mit der Schauspielerin Elinor
Büller beginnt

1930 Beziehung mit der Schauspielerin Tilly Wedekind beginnt

1931 März: Rede zu Heinrich
Manns 60. Geburtstag; daraufhin
wieder scharfe Angriffe von links
(Werner Hegemann), aber auch
von Nazis. November: Urauf-
führung des Oratoriums *Das
Unaufhörliche* (Musik: Paul Hindemith)

1932 Januar: Wahl in die Sektion
Dichtkunst der Preußischen Aka-
demie der Künste. April: *Akade-
mie-Rede* in Anwesenheit von
Thomas Mann, Alfred Döblin,
Ricarda Huch und anderen. –
November: Beginn der (Brief-)
Freundschaft mit dem Bremer
Kaufmann F. W. Oelze

1933 20. Februar: Benn kehrt sich
von Heinrich Mann ab. Nach dem
Reichstagsbrand am 27. Februar:
*Die Revolution ist da und die Ge-
schichte spricht.* 13. März: Benn
arbeitet ein Revers aus, das auf
die Gleichschaltung der Akade-
mie-Sektion abzielt – mit Erfolg.
24. April: Radiorede *Der neue
Staat und die Intellektuellen.* 5. Mai:
Benn wird kommissarischer Vorsitzender der Sektion Dichtkunst.
24. Mai: Im Radio wird seine
*Antwort an die literarischen Emi-
granten* (d. i. auf einen Brief von
Klaus Mann) verlesen. November:
Bekenntnis zum Expressionismus

1934 Frühjahr: Börries von
Münchhausen greift Benn zum
zweiten Mal scharf an, diesmal
als typisch «jüdischen Misch-
ling». Dieser legitimiert sich als
«reiner Arier». Nach dem sog.
Röhm-Putsch im Sommer wendet
Benn sich vom NS-Regime ab.
Oktober: Essayband *Kunst und
Macht* erscheint (darin *Lebensweg
eines Intellektualisten*)

1935 1. April: Rückkehr in die
Armee als *aristokratische Form
der Emigration.* Oberstabsarzt (Ma-
jor) bei der Heeressanitäts-
Inspektion Hannover. *Weinhaus
Wolf* entsteht

1936 Zum 60. Geburtstag erscheinen *Ausgewählte Gedichte
1911–1936*, Anlass für Dif-
famierung in der SS-Zeitung
«Das Schwarze Korps». Hanns
Johst und Wehrmachtsvorge-
setzte schützen Benn. – Bekanntschaft mit Herta von Wedemeyer

1937 Benn beendet die Beziehungen mit Elinor Büller und Tilly
Wedekind. 1. Juli: Benn erreicht
die Versetzung nach Berlin; zu-
ständig für medizinische Gutach-
ten bei Wehrdienst-, im Krieg
dann Einsatzbeschädigungen.
Juli: Neuer Angriff aus der SS;
Heinrich Himmler und Hanns
Johst decken Benn

1938 Heirat mit der 21 Jahre
jüngeren Herta von Wedemeyer.
März: Ausschluss aus der Reichsschrifttumskammer und Schreibverbot. Dezember: Bezug der
Wohnung Bozener Straße 20 in
Berlin-Schöneberg

1939 September, nach Kriegsbeginn: Beförderung zum Oberfeldarzt (Oberstleutnant)

1940 Büro zeitweise im Oberkommando der Wehrmacht, Bendlerstraße. Studie *Über Selbstmord im
Heer*

1941 20. April: Gedicht *Monolog*;
Herbst: Essay *Kunst und Drittes*

Reich und sieben *biographische Gedichte*

1943 August: Versetzung nach Landsberg an der Warthe (heute: Zielona Góra, Polen). Privatdruck von *22 Gedichte*

1944 *Roman des Phänotyp. Landsberger Fragment* entsteht

1945 Ende Januar: Flucht nach Berlin, Bozener Straße 20. Herta Benn flieht im April weiter nach Neuhaus / Elbe und begeht dort Anfang Juli Selbstmord. Benns Wohnung wird nach Besetzung durch Sowjetsoldaten im Sommer wieder frei. Praxis-Neuanfang

1946 Bemühungen um Publikationen, vor allem der *Statischen Gedichte*, scheitern am Einspruch alliierter Behörden. 18. Dezember: Heirat mit der Zahnärztin Dr. Ilse Kaul

1947 *Der Ptolemäer. Berliner Novelle* entsteht

1948 Oktober: *Statische Gedichte* erscheinen im Arche-Verlag Zürich

1949 Auf Initiative des jungen Verlegers Max Niedermayer erscheinen im Lauf des Jahres *Der Ptolemäer, Statische Gedichte* (als Lizenzausgabe) und der Essayband *Ausdruckswelt* im Limes-Verlag Wiesbaden. Wachsender Ruhm

1950 Autobiographie *Doppelleben* erscheint. Besuch bei Nele und Familie in Kopenhagen

1951 August: Vortrag *Probleme der Lyrik* an der Universität Marburg. Oktober: Verleihung des Georg-Büchner-Preises in Darmstadt. Gedichtband *Fragmente* erscheint

1953 30. Juni: Aufgabe der offenen Arztpraxis. Zunehmend Lesungen und Vorträge in Westdeutschland und der Schweiz. Lyrikband *Destillationen* erscheint. Benn erhält das Bundesverdienstkreuz 1. Klasse

1954/55 Beziehung mit Ursula Ziebarth, Worpswede. Begegnungen mit Astrid Claes, Köln

1955 *Aprèslude* (Gedichte) und Anthologie *Lyrik des expressionistischen Jahrzehnts* erscheinen

1956 2. Mai: repräsentative Feier des 70. Geburtstags in Berlin. Krebserkrankung. 7. Juli: Tod im Krankenhaus Oskar-Helene-Heim. 12. Juli: Beisetzung auf dem Neuen Waldfriedhof Berlin-Dahlem. – Posthum Kunstpreis des Landes Nordrhein-Westfalen

Else Lasker-Schüler

Er steigt hinunter ins Gewölbe seines Krankenhauses und schneidet die Toten auf. Ein Nimmersatt, sich zu bereichern an Geheimnis. Er sagt: «tot ist tot». Dennoch fromm im Nichtglauben liebt er die Häuser der Gebete, träumende Altäre, Augen, die von fern kommen. Er ist ein evangelischer Heide, ein Christ mit dem Götzenhaupt, mit der Habichtnase und dem Leopardenherzen.
Doktor Benn, in: Die Aktion III (1913)

Gottfried Benn. Zeichnung von Else Lasker-Schüler, 1913

Carl Sternheim

Benn ist der wahrhaft Aufständische. Aus den Atomen heraus, nicht an der Oberfläche revoltiert er; erschüttert Begriffe von innen her, daß Sprache wankt und Bürger platt auf Bauch und Nase liegen.
Kampf der Metapher!, 1918

Bertolt Brecht (1)

Benn fragen.
Autobiographische Notiz, um 1922

Klaus Mann (1)

Er hat beides: die Leidenschaft der Analyse, des Zersetzens, des Hasses; und das Pathos der Vision, des dichterischen Blickens und Ahnens. Er ist präzise in der Berauschtheit, wissenschaftlich in der Ekstase. [...]

Inbrunst und eine Genauigkeit, die zur grausamen Verbissenheit wird, sind charakteristisch für seinen Stil.
Gottfried Benns Prosa, in: Die Literatur XXXII (1930)

Bertolt Brecht (2)

Dieser Schleim legt Wert darauf, mindestens eine halbe Million Jahre alt zu sein. Während dieser Zeit ist er immer von neuem geworden, mehrmals vergangen, leider immer wieder geworden. Ein Schleim von höchstem Adel. [...] Alles ist sinnlos, darauf besteht der Pfaffe mit umgekehrten Vorzeichen [...].
Benn, Mai 1933

Klaus Mann (2)

Was nutzt es zu polemisieren? Halb pathologisch, halb nur gemein entwürdigt sich ein großes Talent vor unseren Augen. Es ruiniert sich auch, während es sich prostituiert. Benn schreibt plötzlich schlecht.
Gottfried Benn. Oder: Die Entwürdigung des Geistes, in: Die Sammlung I (1933)

Alfred Andersch

Eines der sichersten Merkmale des Faschismus ist abgründige Menschenverachtung. Sie fehlt im lyrischen Werk Benns vollständig. [...] Benn kann gar nicht in die Verachtung abgleiten, denn seine Beziehung zur Welt außer ihm ist die des Leidens.
Die Gedichte, in: Frankfurter Hefte V (1950)

Karl Krolow

Gottfried Benn ist ein großer Lyriker. [...] Die fraglose Überschätzung seiner Gedichte [...] geht so weit, daß man mitunter den Eindruck hat, dieser überlegene Spieler bediene sich ihrer, um der Zeitgenossenschaft, die er so gern verachtet, in ihrer Konfusion etwas anzubieten, was im Grunde eine Zumutung ist:

Kulturklischees von der angreifen-
den Süße des Kitsches.
*Jugendstil und Gottfried Benn, in:
Die Literatur, 1. September 1952*

Clemens Graf Podewils
Was in seinem Werk auseinander-
zuklaffen scheint, Hart und Innig,
Kälte und Ergriffenheit, Schroffes
und Wärmendes – der Mensch hat es
in der Einheit seiner Person versammelt. Er war ein Herr von alter Art:
Darin beschlossen ist Männlichkeit
und Wohlwollen, Zurückhaltung
und Entgegenkommen und eine
Unerschrockenheit, die sich nicht
anders als bescheiden geben kann.
Er hatte Maß.
Am Grabe Benns, 1956

Theodor W. Adorno
Wenige wird es geben, die besser
wissen, wer uns da verloren ging,
als ich.
Brief an Ilse Benn, 16. Juli 1956

Bertolt Brecht (3)
Beim Anhören von Versen
Des todessüchtigen Benn
Habe ich auf Arbeitergesichtern
    einen Ausdruck gesehen
Der nicht dem Versbau galt und
    kostbarer war
Als das Lächeln der Mona Lisa.
Zwei mal zwei ist vier, Sommer 1956

Johannes R. Becher
Er ist geschieden, wie er lebte:
    streng,
Und diese Größe einte uns: die
    Strenge,
Uns beiden war vormals die Welt
    zu eng.
Wir blieben beide einsam im
    Gedränge.
Ohne Titel, 1956

Hans Magnus Enzens-
berger
Er war kein Opportunist. Er war der
letzte Dichter der deutschen Rechten. Er war seiner Lebtage ein Feind
der Demokratie. Ein Feind wie Benn,
der nicht nur Widerspruch, sondern
auch Achtung verdiente, er wäre un-
serer Literatur aufs Innigste zu wünschen.
*Gottfried Benns «Autobiographische und
vermischte Schriften», in: Der Spiegel
Nr. 23, 1962*

Jürgen Schröder
Benn [war] gerade aufgrund dieser
besonderen Schutzlosigkeit dazu
prädestiniert, die allgemeine Grund-
lagenkrise und Geschichtsverzweif-
lung des 20. Jahrhunderts radikal
und exemplarisch an sich zu erfahren und für andere auszudrücken.
Er fiel ihr zum Opfer, zum Opfer aber
auch in dem Sinne einer Stellvertre-
terschaft, den dieses Wort besitzt.
*Gottfried Benn. Poesie und Sozialisation,
1978*

Peter Rühmkorf
[…] ein Halluzinogen von zweifelhaf-
ter Zusammensetzung vermag Menschen von unbezweifelbarer Verstan-
deskultur in Zustände zu versetzen,
die sie selbst nur noch mit Wörtern
wie «Rausch», «Hypnose», ja «Besof-
fenheit» zu bezeichnen vermögen.
*Gottfried Benn oder «teils-teils das
Ganze», 1987*

Durs Grünbein
Ein solcher Arzt im Selbstversuch
war für mich immer der große Benn.
[…] Allein darum, weil er den Vers-
Trieb, das Prozessieren gegen sich
selbst nie unterdrückt hat, bleibt die-
ser Mann ein Vorbild für alle Zeiten.
*Benn schmort in der Hölle, in:
Text + Kritik 153 (2002)*

Bibliographie

Im Vordergrund steht die Biographie. Aus der Forschungsliteratur können hier nur wenige grundlegende, vor allem neuere Arbeiten aufgeführt werden. Weiterführende Literaturangaben finden sich in einigen Titeln unter 1. sowie in unter 6. genannten Monographien. In eckigen Klammern sind die Siglen angegeben, nach denen in den Anmerkungen zum Text zitiert wird.

1. Bibliographien, Chroniken, Verzeichnisse, (Bild-)Dokumentationen, Periodika

Benn Jahrbuch. Hg. von Joachim Dyck, Holger Hof und Peter D. Krause. Stuttgart 1 (2003) – 3 (2005) (ab Jg. 2 mit Jahresbibliographie)

Bluhm, E./Wolff, U. (1981): G. B. Eine Bilddokumentation. München (mit Texten)

Brode, Hanspeter (1978): B.-Chronik. Daten zu Leben und Werk. München/Wien

G. B. 1886 – 1956. Eine Ausstellung des Deutschen Literatur-Archivs im Schiller-Nationalmuseum Marbach am Neckar. Von Ludwig Greve u. a. Marbach 1986 [Katalog (1986)]

G. B. (1962): Lyrik und Prosa, Briefe und Dokumente. Eine Auswahl. Hg. von Max Niedermayer. Wiesbaden (mit nur hier gedruckten Briefen und Dokumenten)

Heintel, Helmut (1986): Block II, Zimmer 66. G. B. in Landsberg 1943 – 1945. Eine bildliche Dokumentation. Stuttgart

Heintel, Helmut (1990): G. B. Bildnisse. Stuttgart

Heintel, Helmut (1995): G. B.s Werk in der Musik. Eine Bibliographie der Vertonungen seiner Briefe, Gedichte, Prosa und Szenen. Stuttgart. – Von Heintel liegen weitere gehaltvolle Kleinschriften, u. a. zu B.s New-York-Reise 1914, zur Belle-Alliance-Straße, zu G. B. und Lili Breda, zu G. B. in Stuttgart und in Basel, zu einer Schweiz-Reise, sowie kleine Briefeditionen, u. a. von Käthe von Porada, vor (Warmbronn 1997 – 2005).

Hillebrand, Bruno, Hg. (1979): G. B. (= Wege der Forschung). Darmstadt (19 Aufsätze und Bibliographie, für 1957 – 1977 umfassend)

Horch, Hans Otto (1971): Index zu G. B., Gedichte. In Verbindung mit Craig M. Inglis und James K. Lyon. Frankfurt a. M.

Lennig, Walter (1962): G. B. mit Selbstzeugnissen und Bilddokumenten. Reinbek. 21. Aufl. 2003 (mit Bibliographie von Paul Raabe/Wolfgang Beck, 1991, S. 171 – 186)

Lohner, Edgar (²1960): G. B. Bibliographie 1912 – 1956. Wiesbaden. Neu bearbeitet und ergänzt von Timm Zenner. 1985

Lohner, Edgar, Hg. (1969): Dichter über ihre Dichtungen. München

Lyon, James K./Ingles, Craig M. (1971): Konkordanz zur Lyrik G. B.s Hildesheim

Niedermayer, Max/Schlüter, Marguerite, Hg. (1968): Das G. B.-Buch. Eine innere Biographie in Selbstzeugnissen. Frankfurt a. M. Neuausgabe (1982): Das G. B.-Lesebuch. Zürich

Raabe, Paul (1986): G. B. in Hannover. 1935 – 1937. Seelze-Velbert

Sahlberg, Oskar (1984): G. B. In: Kritisches Lexikon zur deutschsprachigen Gegenwartsliteratur. München (mit Bibliographie bis August 1994)

Schünemann, Peter/Sahlberg, Oskar (1985): Bibliographie G. B. In: G. B. = Text + Kritik, Heft 44 (Neufassung), München 1985, S. 156 – 166

Wodtke, Friedrich Wilhelm (1962): G. B. Stuttgart. 2. überarb. und ergänzte Aufl. 1970 (mit bibliographischen Hinweisen)

2. Werke

2.1 Gesamtausgaben

Gesammelte Werke in 4 Bdn. Hg. von
Dieter Wellershoff. Wiesbaden
(Limes) 1958–1961 [Neuausgabe
Stuttgart (Klett-Cotta) 1977]. Bd. 1:
Essays, Reden, Vorträge. 1959. –
Bd. 2: Prosa und Szenen. 1958. –
Bd. 3: Gedichte. 1960. – Bd. 4: Auto-
biographische und vermischte
Schriften [und 40 S. Begriffsregis-
ter]. 1961. – Neudruck: Gesammelte
Werke in 8 Bänden. Wiesbaden
(Limes) 1967 / München (dtv) 1975.
– Neudruck in veränderter Anord-
nung und Paginierung: Gesammel-
te Werke in 3 Bdn. Frankfurt a. M.
(Zweitausendundeins) 2003. –
Diese Ausgabe folgt den Fassungen
letzter Hand.
Sämtliche Werke. Stuttgarter Ausga-
be. In Verbindung mit Ilse Benn hg.
von Gerhard Schuster (Bd. I-V) und
Holger Hof (Bd. VI-VII / 2). Stuttgart
(Klett-Cotta) 1986–2003. Bd. I: Ge-
dichte 1 (= Gesammelte Gedichte
von 1956). 1986 – Bd. II: Gedichte 2
(= zu Lebzeiten veröffentlichte Ge-
dichte, die nicht in die Sammlung
von 1956 aufgenommen wurden.
Gedichte aus dem Nachlass. Poeti-
sche Fragmente 1901–1956). 1986 –
Bd. III: Prosa 1 (1910–1932). 1987 –
Bd. IV: Prosa 2 (1933–1945). 1989 –
Bd. V: Prosa 3 (1946–1950). 1990 –
Bd. VI: Prosa 4 (1951–1956). 1991 –
Bd. VII / 1: Szenen / Dialoge /
Das Unaufhörliche / Gespräche und
Interviews / Nachträge / Medizinische Schriften (1910–1955). 2002 –
Bd. VII / 2: Vorarbeiten, Entwürfe
und Notizen aus dem Nachlass.
Register. 2003. – Die anspruchsvolle
textkritische Ausgabe folgt den Fas-
sungen letzter Hand.
Gesammelte Werke in der Fassung
der Erstdrucke. Hg. von Bruno
Hillebrand. 4 Bde. Frankfurt a. M.
(Fischer Taschenbuch-Verlag)
1982–1985. Bd. 1: Gedichte. 1982 –
Bd. 2: Prosa und Autobiographie.
1984 – Bd. 3: Essays und Reden.
1984 – Bd. 4: Szenen und Schriften.
1984 (mit Gesamtregister)

2.2 Erstausgaben (in Auswahl)

Morgue und andere Gedichte.
Berlin-Wilmersdorf (A. R. Meyer)
1912 (= Lyrische Flugblätter 21)
Söhne. Neue Gedichte. Berlin-Wil-
mersdorf (A. R. Meyer) 1913
Gehirne. Novellen. Leipzig (K. Wolff)
1916 (Der jüngste Tag 35)
Fleisch. Gesammelte Lyrik. Berlin-
Wilmersdorf (Die Aktion) 1917
(= Die Aktionslyrik 3)
Das moderne Ich. Berlin (E. Reiss)
1920 (= Tribüne der Kunst und
Zeit 12)
Die gesammelten Schriften. Berlin
(E. Reiss) 1922
Schutt [Gedichte]. Berlin-Wilmers-
dorf (A. R. Meyer) 1924
Betäubung [Gedichte]. Berlin-
Wilmersdorf (A. R. Meyer)1925
Spaltung. Neue Gedichte. Berlin-
Wilmersdorf (A. R. Meyer) 1925
Gesammelte Gedichte. Berlin
(Die Schmiede) 1927
Gesammelte Prosa. Potsdam
(Kiepenheuer) 1928
Fazit der Perspektiven. Berlin
(Kiepenheuer) 1931
Das Unaufhörliche. Oratorium in
3 Teilen. Vertont von Paul Hinde-
mith. Mainz (Schott) 1931
Nach dem Nihilismus. Berlin
(Kiepenheuer) 1932
Der neue Staat und die Intellek-
tuellen. Stuttgart (Deutsche Ver-
lags-Anstalt) 1933
Kunst und Macht. Stuttgart
(Deutsche Verlags-Anstalt) 1934
Gedichte. Hamburg (Ellermann)
1936 (= Das Gedicht II, 7)
Ausgewählte Gedichte 1911–1936.
Stuttgart (Deutsche Verlags-An-
stalt) 1936
Zweiundzwanzig Gedichte
(1936–1943). O. O. (Privatdruck)
August 1943

Statische Gedichte. Zürich (Arche) 1948; Wiesbaden (Limes) 1949

Der Ptolemäer. Wiesbaden (Limes) 1949

Ausdruckswelt. Essays und Aphorismen. Wiesbaden (Limes) 1949

Trunkene Flut. Ausgewählte Gedichte [bis 1935, mit Epilog 1949]. Wiesbaden (Limes) 1949

Doppelleben. Zwei Selbstdarstellungen. Wiesbaden (Limes) 1950

Fragmente. Neue Gedichte. Wiesbaden (Limes) 1951

Probleme der Lyrik. Wiesbaden (Limes) 1951

Essays. Wiesbaden (Limes) 1951

Die Stimme hinter dem Vorhang. Wiesbaden (Limes) 1952

Destillationen. Neue Gedichte. Wiesbaden (Limes) 1953

Altern als Problem für Künstler. Wiesbaden (Limes) 1954

Aprèslude [Gedichte]. Wiesbaden (Limes) 1955

Gesammelte Gedichte. Wiesbaden (Limes) / Zürich (Arche) 1956

Primäre Tage. Gedichte und Fragmente aus dem Nachlaß. Wiesbaden (Limes) 1958

Medizinische Schriften. Hg. von Werner Rübe. Wiesbaden (Limes) 1965

Texte aus dem Nachlaß 1933–1955. Hg. von Harald Steinhagen. In: Jahrbuch der Deutschen Schiller-Gesellschaft 13 (1969), S. 98–114

2.3 Audio-Edition

Das Hörwerk 1928–1956. Lyrik, Prosa, Essays, Vorträge, Hörspiele, Interviews, Rundfunkdiskussionen. Hg. von Robert Galitz, Kurt Kreiler und Martin Weinmann. Frankfurt a. M. 2004 (1 MP3-CD oder 10 Audio-CDs; 11 Stunden 9 Minuten)

3. Briefe

Ausgewählte Briefe. Mit einem Nachwort von Max Rychner. Wiesbaden 1957 (Frankfurt a. M. 1986) [AB]

Das gezeichnete Ich. Briefe aus den Jahren 1900–1956. Mit einem Nachwort von Max Rychner. München 1962

G. B. Lyrik und Prosa, Briefe und Dokumente. Eine Auswahl. Hg. von Max Niedermayer. Wiesbaden 1962

Den Traum alleine tragen. Neue Texte, Briefe, Dokumente. Hg. von Paul Raabe und Max Niedermayer. Wiesbaden 1966 [Traum]

Briefe an Elinor Büller 1930–1937. Hg. von Marguerite Valerie Schlüter. Stuttgart 1992 (= Briefe, Bd. 5) [EB]

Wallmoden, Thedel von: Porträt des Künstlers als junger Mann. Über einen unveröffentlichten Brief G. B.s [an Carl Busse]. In: Deutsche Vierteljahresschrift für Literaturwissenschaft und Geistesgeschichte 62 (1988), S. 570–580 (mit Brief)

Briefe an Astrid Claes 1951–1956. Hg. von Bernd Witte. Stuttgart 2002 (= Briefe, Bd. 6) [AC]

Briefwechsel mit Paul Hindemith. Hg. von Ann Clark Fehn. Stuttgart 1978 (= Briefe, Bd. 3) [PH]

G. B. – Ernst Jünger. Briefwechsel 1949–1956. Hg. von Holger Hof. Stuttgart 2006

Monologische Kunst ? Ein Briefwechsel zwischen Alexander Lernet-Holenia und G. B. Wiesbaden 1953

Briefwechsel mit dem «Merkur» 1948–1956 [d. i. mit den Hgg. Hans Paeschke und Joachim Moras]. Hg. von Holger Hof. Stuttgart 2004 (= Briefe, Bd. 7)

Briefe an Max Niedermayer. In: Briefe an einen Verleger. M. N. zum 60. Geburtstag. Hg. von Marguerite Valerie Schlüter. Wiesbaden 1965

Briefe an Friedrich Wilhelm Oelze. 3 Bde. Hg. von Harald Steinhagen und Jürgen Schröder. Stuttgart / München 1977–80 [OB + Bandzahl]

Erich Reiss: Lieber Bennito. Briefe an

G. B. 1946–1951. Hg. von Helmut Heintel. Warmbronn 1995

G. B. – Max Rychner. Briefwechsel 1930–1956. Hg. von Gerhard Schuster. Stuttgart 1986

G. B. – Egmont Seyerlen. Briefwechsel 1914–1956. Hg. von Gerhard Schuster. Stuttgart 1993 [ES]

G. B. – Thea Sternheim. Briefwechsel und Aufzeichnungen. Mit Briefen und Tagebuchauszügen Mopsa Sternheims. Hg. von Thomas Ehrsam. Göttingen 2004 [TS]

Briefe an Tilly Wedekind 1930–1955. Hg. von Marguerite Valerie Schlüter. Stuttgart 1986 (= Briefe, Bd. 4) [TW]

Briefe an Carl Werckshagen. In: Limes Lesebuch, 2. Folge. Wiesbaden 1958, S. 43–61

Hernach. G. B.s Briefe an Ursula Ziebarth. Mit Nachschriften von U. Z. und einem Kommentar von Jochen Meyer. Göttingen 2001 [UZ]

4. Lebenszeugnisse, Gespräche, Erinnerungen

Benn, Ilse (1988): Erinnerungen. In: G. B. zum 100. Geburtstag. Hg. von Will Müller-Jensen u. a. Würzburg, S. 141–159

Gehlhoff-Claes, Astrid (2002): Inseln der Erinnerung. Begegnungen und Wege. Düsseldorf

Grosz, George (1955): Ein kleines Ja und ein großes Nein. Sein Leben von ihm selbst erzählt. Hamburg

Hindemith, Paul (1999): berliner abc. das private adressbuch von P. H. 1927 bis 1938. Hg. von Christine Fischer-Defoy und Susanne Schaal. Berlin

Jordan, Lothar, Hg. (2003): G. B. Schüler in Frankfurt (Oder). Abitur 11. September 1903. Drei unbekannte Briefe an Marie Diers 1941–1944. Kleist-Museum Frankfurt (Oder)

Kunisch, Hermann (1989): Meine Begegnungen mit G. B. 1951–1956. Anlaß – Stationen – Dokumente. Berlin

Lasker-Schüler, Else (1913): Doktor Benn. In: Die Aktion 3, S. 639

Loerke, Oskar (1955): Tagebücher 1903–1939. Hg. von Hermann Kasack. Heidelberg / Darmstadt

Mann, Klaus (1989): Tagebücher 1931–1933. Hg. von Joachim Heimannsberg u. a. München

Matthias, Leo L. (1962): Erinnerungen an G. B. In: Merkur 16, S. 435–446

Niedermayer, Max (1965): Pariser Hof. Limes Verlag Wiesbaden 1945–1965. Wiesbaden

Rehfeld, Hans-Jürgen, Hg. (1991): G. B. und Klabund im Frankfurter Friedrichs-Gymnasium. Kleist-Gedenk- und Forschungsstätte Frankfurt (Oder)

Ruf, Joachim, Hg. (1986): Begegnungen mit G. B. [Karl Schwedhelm, Carl Werckshagen, Paul Lüth, Thilo Koch, Heinz Friedrich, Hans Egon Holthusen, Fritz Werner]. Taunusstein

Schmitt, Carl (1991): Glossarium. Aufzeichnungen der Jahre 1947–1951. Berlin

Schuster, Gerhard, Hg. (1992): Egmont Seyerlen (1889–1972), ein Freund von G. B. aus Stuttgart. Marbach am Neckar

Soerensen, Nele Poul (1960): Mein Vater G. B. Wiesbaden. Neuaufl. München 1986 [NPS]

Söhngen, Oskar/ Holthusen, Hans Egon/ Podewils, Clemens Graf: Totenreden für G. B. Wiesbaden 1956

Werckshagen, Carl (1987): Streit mit Schott. Zwei oder drei Erinnerungen an G. B. Remagen-Rolandseck

Ziebarth, Ursula (1976): Hexenspeise. Pfullingen, S. 103–120

Zuckmayer, Carl (2002): Geheimreport. Göttingen, S. 74–77

5. Wirkungsgeschichte – Wirkungen heute

Bürger, Jan (2003): Ich bin nicht innerlich. Annäherungen an G. B. Stuttgart

Dierick, Augustinus P., Hg. (1992): G. B. and his Critics. Major Interpretations 1912–1992. Columbia/SC (USA)

Grünbein, Durs (2002): B. schmort in der Hölle. Ein Gespräch über dialogische und monologische Lyrik [mit Helmut Böttiger]. In: Text + Kritik 153 (= D. Grünbein), S. 72–84

Hähnel, Klaus-Dieter (1996): Das Comeback des Dr. G. B. nach 1945 (1949) – Wirkung wider Willen? In: Zeitschrift für Germanistik N. F. 6, S. 100–113

Hillebrand, Bruno, Hg. (1987): Über G. B. Kritische Stimmen. 2 Bde. Frankfurt a. M. Bd. 1: 1912–1956. Bd. 2: 1957–1986

Hohendahl, Peter Uwe, Hg. (1971): B. – Wirkung wider Willen. Dokumente zur Wirkungsgeschichte B.s. [1912–1966]. Frankfurt a. M.

Hohendahl, Peter Uwe (1987): Zwischen Moderne und Postmoderne. G. B.s Aktualität. In: Zeitgenossenschaft. Zur deutschsprachigen Literatur im 20. Jahrhundert. Festschrift für Egon Schwarz. Hg. von P. M. Lützeler. Frankfurt a. M., S. 211–223

Holbeche, Brian (1981): Die Lyrik G. B.s im westdeutschen literarischen Leben der 50er Jahre. Rezeption und Einfluß. In: «Die Mühen der Ebenen». Kontinuität und Wandel in der deutschen Literatur und Gesellschaft 1945–1949. Hg. von Bernd Hüppauf. Heidelberg, S. 307–330

Mertens, Pierre (1989): Der Geblendete. Roman [1987]. Aus dem Französischen von Uli Aumüller. Berlin. Neuausgabe mit dem Untertitel: Ein G.-B.-Roman, Hamburg/Zürich 1992

Rühmkorf, Peter (1978): Strömungslehre I. Poesie. Reinbek, insbes. S. 145–161

Sanders-Brahms, Helma (1997): G. B. und Else Lasker-Schüler. Giselheer und Prinz Jussuf. Berlin

Streit-Zeit-Schrift (1964). Heft V, S. 7–36 (= G. B. heute)

Völker, Ludwig (1981): B./Brecht und die deutsche Lyrik der Gegenwart. In: Lyrik – von allen Seiten. Hg. von Lothar Jordan u. a. Frankfurt a. M., S. 181–203

6. Forschungsliteratur

6.1 Biographien, Monographien, Sammelbände

Allemann, Beda (1963): G. B. Das Problem der Geschichte. Pfullingen

Alter, Reinhard (1976): G. B. The Artist and Politics (1910–1934). Bern u. a.

Dyck, Joachim, Hg. (1986): G. B. Das Nichts und der Herr am Nebentisch. 50 Gedichte mit einer Einleitung und einem biographischen Essay (S. 59–146). Berlin

Gehlhoff-Claes, Astrid (2003): Der lyrische Sprachstil G. B.s. Düsseldorf (Diss. Köln 1953)

Glaser, Horst Albert, Hg. (1989): G. B. 1886–1956. Referate des Essener Colloquiums. Frankfurt a. M./Bern

Hillebrand, Bruno (1986): B. Frankfurt a. M.

Hillebrand, Bruno, Hg. (1979): G. B. Frankfurt a. M.

Holthusen, Hans Egon (1986): G. B. Leben Werk Widerspruch 1886–1922. Stuttgart

Kaiser, Helmut (1962): Mythos, Rausch und Reaktion. Der Weg G. B.s. Berlin (Ost)

Koch, Thilo (1957): G. B. Ein biographischer Essay. München. Erweiterte Neuausgabe München 1970 und Frankfurt a. M. 1986

Lohner, Edgar (1961): Passion und Intellekt. Die Lyrik G. B.s. Neuwied/

Berlin. Erweiterte Neuausgabe
1986

Müller-Jensen, Will, Hg. (1988):
G. B. zum 100. Geburtstag. Vorträge
zu Werk und Persönlichkeit von
Medizinern und Philologen. Würzburg

Peitz, Wolfgang, Hg. (1971): Denken
in Widersprüchen. Korrelarien zur
G. B.-Forschung. Freiburg/Br.

Raddatz, Fritz J. (2001): G. B. Leben –
niederer Wahn. Eine Biographie.
Berlin/München

Reich-Ranicki, Marcel, Hg. (2002):
1400 Deutsche Gedichte und
ihre Interpretationen. Bd. 7: Von
G. B. bis Nelly Sachs. Frankfurt
a. M./Leipzig (mit 29 B.-Interpreta-
tionen)

Rübe, Werner (1993): Provoziertes
Leben: G. B. Stuttgart

Sahlberg, Oskar (1977): G. B.s Phan-
tasiewelt – «Wo Lust und Leiche
winkt». München

Schröder, Jürgen (1978): G. B. Poesie
und Sozialisation. Stuttgart u. a.

Schröder, Jürgen (1986): G. B. und
die Deutschen. Studien zu Werk,
Person und Zeitgeschichte. Tübingen

Schünemann, Peter (1977): G. B.
München

Steinhagen, Harald, Hg. (1997): Gedichte von G. B. Interpretationen.
Stuttgart

Steinhagen, Harald (1969): Die statischen Gedichte von G. B. Die Vollendung seiner expressionistischen
Lyrik. Stuttgart

Text + Kritik (1974): G. B. (= Heft 44).
2. Aufl./Neufassung 1985
(neue Aufsätze und Bibliographie).
3. Aufl./Neufassung 2006

Theweleit, Klaus (1988/1994): Buch
der Könige. Bd. 1: Orpheus und Eu-
rydike. Bd. 2: Orpheus am Macht-
pol. Frankfurt a. M./Basel

Vahland, Joachim (1979): G. B. – der
unversöhnte Widerspruch. Heidelberg

Wellershoff, Dieter (1958): G. B. Phä-

notyp dieser Stunde. Eine Studie
über den Problemgehalt seines
Werkes. Köln (Neufassung 1986)

6.2 Einzelstudien

Anacker, Regine (2004): Aspekte
einer Anthropologie der Kunst in
G. B.s Werk. Würzburg

Bendix, Konstantin (1988): Rausch-
formen und Formenrausch. Dro-
generfahrung bei G. B. Frankfurt
a. M./Bern

Bormuth, Matthias (2005): Anmerkungen zu G. B. Ein «Barde des Na-
tionalsozialismus»? Warmbronn

Brenner, Hildegard (1972): Ende
einer bürgerlichen Kunst-Institu-
tion. Die politische Formierung der
Preußischen Akademie der Künste
ab 1933. Stuttgart

Dyck, Joachim (1995): Freundschaft
in Briefen. G. B. und F. W. Oelze. In:
Thomas Karlauf (Hg.): Deutsche
Freunde. Zwölf Doppelportraits.
Berlin, S. 321–348

Friedrich, Hans-Edwin (2000): De-
formierte Lebensbilder. Erzählmo-
delle der Nachkriegsautobio-
graphie (1945–1960). Tübingen
(S. 142–156 und passim)

Grimm, Reinhold (1958): G. B. Die
farbige Chiffre in der Dichtung.
Nürnberg

Hof, Holger (1991): Montagekunst
und Sprachmagie. Zur Montagetechnik in der essayistischen Prosa
G. B.s. Wiesbaden (Diss. Mainz)

Jens, Inge (1979): Dichter zwischen
links und rechts. Die Geschich
der Sektion für Dichtkunst an der
Preußischen Akademie der Künste.
München

Kiesel, Helmuth (2004): Geschichte
der literarischen Moderne. Sprache,
Ästhetik, Dichtung im 20. Jahrhundert. München (S. 211–218 und
393–436)

Kirchdörffer-Boßmann, Ursula
(2003): «Eine Pranke in der Nacken
der Erkenntnis». Zur Beziehung
von Dichtung und Naturwissen-

schaft im Frühwerk G. B.s. St. Ingbert

Lethen, Helmut (1994): Verhaltenslehren der Kälte. Lebensversuche zwischen den Kriegen. Frankfurt a. M.

Martini, Fritz (1954): G. B. Der Ptolemäer. In: Ders.: Das Wagnis der Sprache. Stuttgart, S. 468–517

Müller, Harro (1990): G. B.s paradoxer Antihistorismus. Einige Überlegungen über Zusammenhänge zwischen ästhetischem Absolutismus und faschistischem Engagement. In: Geschichte als Literatur. Hg. von Hartmut Eggert u. a. Stuttgart, S. 182–195

Roland, Hubert (1999): Die deutsche literarische «Kriegskolonie» in Belgien, 1914–1918. Ein Beitrag zur Geschichte der deutsch-belgischen Literaturbeziehungen 1910–1920. Bern u. a.

Rychner, Max (1951): G. B. Züge seiner dichterischen Welt. In: Ders.: Zur europäischen Literatur. Zürich, S. 239–290

Schäfer, Hans Dieter (2005): G. B. und das Offizierskorps. Warmbronn

Schäfer, Hans Dieter (2001): Herr Oelze aus Bremen. G. B. und Friedrich Wilhelm Oelze. Göttingen

Schöne, Albrecht (1958): Säkularisation als sprachbildende Kraft. Studien zur Dichtung deutscher Pfarrersöhne. Göttingen. 2. überarb. und ergänzte Aufl. 1968, insbes. S. 225–267

Siebert, Eberhard (1981): «Staatsbibliothek». Bemerkungen zu einem Gedicht von G. B. In: Jahrbuch Preußischer Kulturbesitz 18, S. 131–144

Stollmann, Rainer (1980): G. B. Zum Verhältnis von Ästhetizismus und Faschismus. In: Text & Kontext, Heft 2, S. 284–308

Wallmoden, Thedel von (2003): «Wie Miss Cavell erschossen wurde». Zeitgeschichte im Werk von G. B. In: Deutsche Geschichte des 20. Jahrhunderts im Spiegel der deutschsprachigen Literatur. Hg. von Moshe Zuckermann. Göttingen, S. 36–50

Willems, Gottfried (1981): Großstadt- und Bewußtseinspoesie. Über Realismus in der modernen Lyrik, insbesondere im Spätwerk G. B.s und in der deutschen Lyrik seit 1965. Tübingen

Wodtke, Friedrich Wilhelm (1963): Die Antike im Werk G. B.s. Wiesbaden

Über den Autor

Wolfgang Emmerich, geboren 1941 in Chemnitz/Sachsen, ist seit 1978 Professor für Neuere deutsche Literatur- und Kulturgeschichte an der Universität Bremen. Studium der Germanistik, Geschichte und Philosophie. Lehrte seit 1968 an Universitäten in den USA und an der Universität Tübingen. Später mehrere Gastprofessuren in den USA, in Paris, in Turin und in Oxford. Buchveröffentlichungen u. a. zur Wissenschaftsgeschichte der Germanistik und Volkskunde, zur Arbeiterautobiographie, zu Heinrich Mann, zur Exillyrik und zur DDR-Literatur. Autor der Rowohlt-Monographie «Paul Celan» (rm 50397, 1999).

Dank

für besonders anregende Lektüren: Helmut Lethen («Verhaltenslehren der Kälte»), Werner Rübe †, Hans Dieter Schäfer, Albrecht Schöne, Jürgen Schröder, Klaus Theweleit, Dieter Wellershoff, Gottfried Willems, Friedrich Wilhelm Wodtke † (der vor über 40 Jahren den Grund für mein Wissen über Benn legte); für Rat und Hilfe: Jochen Meyer und den Mitarbeiter(inne)n des Deutschen Literaturarchivs (Marbach); Gert Sautermeister, Matthias Wilde, Bärbel Wu (alle Bremen); und vor allem: Dagmar Erwes (Bremen) für unaufhörliche Liebe und Geduld.

Ölgemälde: Joseph Karl Stieler

rowohlts monographien

Dichter und Literaten

rowohlts monographien,
herausgegeben von Wolfgang
Müller und Uwe Naumann

Ingeborg Bachmann
Hans Höller
3-499-50545-2

Daniel Defoe
Wolfgang Riehle
3-499-50596-7

Friedrich Dürrenmatt
Heinrich Goertz
3-499-50380-8

Die Familie Mann
Hans Wißkirchen
3-499-50630-0

Johann Wolfgang von Goethe
Peter Boerner
3-499-50577-0

Günter Grass
Heinrich Vormweg
3-499-50559-2

Franz Kafka
Klaus Wagenbach
3-499-50649-1

Gotthold Ephraim Lessing
Wolfgang Drews
3-499-50075-2

William Shakespeare
Alan Posener
3-499-50641-6

Georg Büchner
Jan-Christoph Hauschild

3-499-50670-X